André Sebastiani

Anthroposophie

André Sebastiani

Anthroposophie
Eine kurze Kritik

Reihe Kritikpunkt.e

Alibri

2019

André Sebastiani, geboren 1977, lebt und arbeitet als Lehrer in Bremen. Aktiv in der Skeptiker-Bewegung und der Förderung wissenschaftlich-kritischen Denkens. Aktuell gehört er zu den Machern des SchlauLicht-Podcasts für Kinder (*schlaulicht.info*). Er hat sich in mehreren Veröffentlichungen kritisch mit der Waldorfpädagogik auseinandergesetzt.

Alibri Verlag
www.alibri.de
Aschaffenburg
Mitglied in der *Assoziation Linker Verlage* (aLiVe)

Zweite, korrigierte Auflage 2019

Umschlaggestaltung: Claus Sterneck
unter Verwendung einer Abbildung von © Rjorge | Dreamstime.com
Druck und Verarbeitung: Interpress, Budapest

ISBN 978-3-86569-122-4

Inhalt

„Reality is what it is, not what you want it to be."

Frank Zappa

Vorwort

Im September 2008, ich unterrichtete seit ein paar Jahren als Berufsanfänger an einer Hauptschule, rieb ich mir bei der Lektüre der *Süddeutschen Zeitung* verwundert die Augen: Dort wurde ein waldorfkritisches Buch besprochen und es wurde kein gutes Haar an der Waldorfpädagogik und ihrem Fundament, der Anthroposophie, gelassen. Ich las über tief mit der anthroposophischen Weltanschauung verwobenen Rassismus, über Kobolde, Engel, Dämonen und andere Fabelwesen, über Mobbing an Waldorfschulen und Versagen der Schulen im Umgang damit. Das alles entsprach so gar nicht dem Bild, das ich von der Waldorfpädagogik hatte. Ich hatte sie gedanklich in die reformpädagogische Kuschelecke eingeordnet, vielleicht etwas weltfremd, insgesamt aber den Kindern zugewandt und freundlich. Mein Interesse war geweckt und ich begann mich in das Thema einzulesen. Konnte es sein, dass ich als ausgebildeter Pädagoge so daneben lag? Es konnte: Ich stellte fest, dass es seit Jahrzehnten berechtigte substanzielle Kritik an der Anthroposophie und der Waldorfpädagogik gab, die aber leider nicht bis zu mir durchgedrungen war und auch in meinem Lehramtsstudium nicht thematisiert wurde. Wenig später schrieb ich meinen ersten kritischen Waldorfartikel für die Zeitschrift *Skeptiker*.

Die Kritik hat es heute vielleicht schwerer denn je, Gehör zu finden. Die Waldorfschulen, 2019 feiern sie ihren 100. Geburtstag, sind ungebrochen das Aushängeschild und der größte Exportschlager der Anthroposophie. Weltweit gibt es inzwischen (Stand 2018) 1151 Waldorfschulen, 244 davon alleine in Deutschland. Das Image ist insgesamt ausgesprochen positiv und das öffentliche Bild gleicht dem, das ich als Lehramtsanwärter hatte. Die Waldorfpädagogik gilt als öko-angehauchte Kuschelpädagogik und Waldorfschüler stehen zwar unter dem Verdacht, Traumtänzer zu sein, doch die Waldorfpädagogik ist weithin akzeptiert. Die Waldorfbewegung ist in der Mitte der Gesellschaft angekommen. Hilfreich war dabei sicherlich, dass die Anthroposophie seit jeher durch das Bürgertum geprägt ist und sie immer schon auf Anhänger mit Geld und Einfluss zählen konnte.

Nicht in der Mitte der Gesellschaft, sondern im obersten Machtzirkel eines Weltkonzerns, ist der Anthroposoph und Waldorfpädagoge Peter Daniell Porsche angekommen. Im Mai 2018 stimmten die Aktionäre der Porsche-SE Holding per Satzungsänderung für die Vergrößerung des Aufsichtsrates von sechs auf zehn Mitglieder. Damit sollte bei der Familienholding, über die die Familien Porsche und Piëch den VW-Konzern mit ihrer Aktienmehrheit kontrollieren, ein Generationenwechsel eingeleitet werden. Peter Daniell Porsche, ein Ur-Enkel von Ferdinand Porsche, erhielt einen der zusätzlichen Aufsichtsratssitze. Auf den ersten Blick scheint diese Personalie so gar nicht zu einem Konzern wie VW zu passen. Schließlich sehen Anthroposophen im Materialismus das Grundübel der Menschheit. Nun gibt es wohl kaum ein besseres Sinnbild für den Materialismus der Industriegesellschaften, als das Auto. „Jesus Cayenne", so brachte die *Süddeutsche Zeitung* diesen Widerspruch in einer Überschrift auf den Punkt.

Der damalige VW-Chef Mathias Müller zeigte sich im Gespräch mit der *Welt* indessen begeistert vom weltanschaulichen Hintergrund des neuen Porsche-Aufsichtsrats:

„Soweit ich die Waldorfpädagogik verstehe, ist das etwas sehr positives, etwas, das mit meinem Wertesystem übereinstimmt."[1] Er strebe auch weniger Hierarchien an und sehe große Schnittmengen mit der Anthroposophie, so der (inzwischen) Ex-VW-Chef, allerdings ohne näher auszuführen, was er konkret meint.

Wie sehr sich der Top-Manager mit der Esoterik Rudolf Steiners auseinandergesetzt hat, vermag ich nicht zu beurteilen. Es ist gut möglich, dass er sich lediglich auf gängige Klischees bezieht. Es ist das Anliegen dieses Buches, einen kompakten kritischen Überblick über diese Klischees zu geben und über die weltanschaulichen Hintergründe aufzuklären. Der Fokus liegt deshalb nicht auf einem einzelnen Praxisfeld, sondern auf der Anthroposophie insgesamt.

1. Was ist Anthroposophie?

Die Anthroposophie ist eine, durch den österreichischen Esoteriker Rudolf Steiner (1861–1925) entwickelte, okkulte Weltanschauung. Anthroposophie bedeutet wörtlich „Weisheit vom Menschen" (griech. *ánthropos*=Mensch; *sophía*=Weisheit) und bezeichnet die vorgeblich ganzheitliche, „kosmologische" Anschauung des Menschen. Sie behauptet, eine Anleitung zu dessen Selbst- und Welterkenntnis zu liefern. Die Anthroposophie ist eine der vielen okkultistischen Bewegungen, die in den bürgerlichen, nationalistischen und rassistischen Milieus des wilhelminischen Kaiserreichs entstanden sind. Ausgangspunkt für die Anthroposophie war die deutsche Sektion der *Theosophischen Gesellschaft Adyar*, deren Vorsitzender Rudolf Steiner ab 1902 war. Nach erheblichen Streitigkeiten mit Annie Besant, der Präsidentin der internationalen *Theosophischen Gesellschaft*, kam es 1912 zum Bruch und in der Folge zur Gründung der *Anthroposophischen Gesellschaft* im Februar 1913.[2]

Die *Theosophische Gesellschaft Adyar* existiert bis heute, ist aber nur noch von marginaler Bedeutung. Anders verhält es sich mit der Anthroposophie, die hierzulande gegenwärtig wohl die einflussreichste esoterische Bewegung ist. Ihr Einfluss reicht weit über die eigene Anhängerschaft hinaus, was vor allem an den sogenannten Praxisfeldern liegen dürfte, zu denen wir später noch kommen werden. Den Kern der Anthroposophie bildet bis heute das umfangreiche Werk

Rudolf Steiners, dessen Gesamtausgabe mehr als 350 Bände zählt und zum weit überwiegenden Teil aus transkribierten Vorträgen besteht.

Rudolf Steiner selbst bezeichnete die Anthroposophie als Geheim- oder Geisteswissenschaft. Besonders der Begriff der „Geisteswissenschaft" ist irreführend, denn gemeint ist damit keine Geisteswissenschaft im akademischen oder umgangssprachlichen Sinn des Wortes, sondern eine spirituelle Erweiterung der Naturwissenschaften. Die Anthroposophie will den materiellen Naturwissenschaften die (vorgeblichen) unsichtbaren, sinnlich nicht erfahrbaren, geistigen Aspekte hinzufügen. Neben der materiellen Welt, auf die die herkömmlichen Wissenschaften beschränkt sind, gibt es nach anthroposophischer Vorstellung noch eine geistig-kosmische Welt, die unseren Sinnesorganen verborgen bleibt. Die Anthroposophie will die „Geistorgane" des Menschen schulen, um ihn zum Zugriff auf diese geistige Welt und damit zu höheren Erkenntnissen zu befähigen. Die Anthroposophische Gesellschaft Frankfurt schreibt auf ihrer Homepage: „Es gibt Menschen, die glauben, mit den Grenzen der Sinnesanschauung seien auch die Grenzen aller Einsicht gegeben. Würden diese aufmerksam darauf sein, wie sie sich dieser Grenzen bewußt werden, so würden sie auch in diesem Bewußtsein die Fähigkeiten entdecken, die Grenzen zu überschreiten. Der Fisch schwimmt an die Grenze des Wassers; er muß zurück, weil ihm die physischen Organe fehlen, um außer dem Wasser zu leben. Der Mensch kommt an die Grenze der Sinnesanschauung; er kann erkennen, daß ihm auf dem Wege dahin die Seelenkräfte geworden sind, um seelisch in dem Elemente zu leben, das nicht von der Sinnesanschauung umspannt wird."[3] Darüber hinaus kultiviert die Anthroposophie die archaische Vorstellung, dass Mensch und Kosmos gleichartig sind, oder wie der Erziehungswissenschaftler und Waldorfkritiker Klaus Prange treffend formuliert: „Der Mensch ist im kleinen ein Kosmos, der Kosmos im großen ein Mensch. Welt, Natur und Geschichte sind ein genaues

Pendant des Menschen, der Mensch deren Synthese en miniature."[4]

Steiner reiht die mystischen Vorstellungen und im Wortsinn okkulten (=geheimen, verborgenen) Wahrheiten, die er zu seiner anthroposophischen Lehre spinnt, in die Riege der Wissenschaften ein. Durch den anthroposophischen Weg der Erkenntnis werde der Geisteswissenschaftler zum „Eingeweihten" und gelange durch die hellsichtige „Schauung" geistiger kosmischer Welten, die normalen Menschen verborgen bleiben, zu absoluten Wahrheiten, die darüber hinaus (geistes)wissenschaftlich überprüfbar sein sollen. Der „Eingeweihte" ist dadurch zugleich Seher, Priester und Wissenschaftler.[5]

Würde die Behauptung zutreffen, die Anthroposophie stehe nicht im Widerspruch zu den Naturwissenschaften, sondern ergänze diese durch nicht materielle geistige Aspekte, wäre sie eine Art Superwissenschaft, und Anthroposophen wären Superwissenschaftler, die über den Tellerrand der materiellen Welt hinausschauen könnten und dabei zu objektiven und (von Eingeweihten) überprüfbaren Erkenntnissen kämen.

1.1 Anthroposophie als Wissenschaft?

●●● Behauptung: Bei der Anthroposophie handelt es sich um eine Wissenschaft. ●●●●●●●●●●●●●●●●●●

Hält der durch Steiner und die Anhänger seiner Lehre proklamierte Anspruch der Wissenschaftlichkeit einem kritischen Blick stand? Versuchen wir diese Frage anhand zweier allgemein anerkannter grundlegender Kriterien zu klären, die auch Rudolf Steiner selbst für gültig hielt: Intersubjektivität und empirische Überprüfbarkeit.[6]

I. Intersubjektivität

Mit intersubjektiv (von inter: zwischen und Subjekt: Person, Akteur) ist gemeint, dass prinzipiell alle Betrachter einen Sachverhalt erkennen und nachvollziehen können. Mathematik erfüllt beispielsweise das Kriterium der Intersubjektivität: Prinzipiell kann jeder, der den nötigen Aufwand betreibt, eine mathematische „Wahrheit" überprüfen und kommt zum immer gleichen Ergebnis. Die nötige Frische der Ware vorausgesetzt, ist die Aussage „Spinat ist grün" intersubjektiv. Im Gegensatz dazu ist die Aussage „Spinat schmeckt mir" nicht intersubjektiv, sondern subjektiv.

So wie die Naturwissenschaften intersubjektiv überprüfbare Erkenntnisse über die sinnlich erfahrbare Welt liefern, so, behauptet Steiner, gelange man durch die anthroposophische Geisteswissenschaft zu den immer gleichen, intersubjektiven, Erkenntnissen über die geistige Welt:

„So gewiss zwei richtig sehende Menschen einen runden Tisch rund sehen, und nicht einer rund und der andere viereckig, so gewiss stellt sich vor zwei Seelen beim Anblicke einer blühenden Blume dieselbe geistige Gestalt." (GA 10, S. 46)

Die durch Schauung der geistigen Welten gewonnenen Erkenntnisse sind allerdings nur für Eingeweihte überprüfbar, denn bei Außenstehenden seien die entsprechenden geistigen Organe zur Erkenntnisgewinnung nicht ausgebildet. Erst durch den anthroposophischen Schulungsweg schule man seine „Hellseherorgane" und könne dadurch geistig-kosmische Wahrheiten „schauen". So wird die Anthroposophie nicht nur zur okkulten (=geheimen) Wissenschaft, sie macht sich auch immun gegen äußere Angriffe. Aus anthroposophischer Perspektive gleicht die Kritik von Nicht-Anthroposophen an der Anthroposophie dem Reden des Blinden von der Farbe.

Der Schulungsweg macht die Begleitung des Schülers durch einen Lehrer erforderlich. Dabei ist es für den Schüler wichtig, den Schulungsweg ohne kritische Grundhaltung zu beschreiten.

„Eine gewisse Grundstimmung der Seele muß den Anfang bilden. Der Geheimforscher nennt diese Grundstimmung den Pfad der Verehrung, der Devotion gegenüber der Wahrheit und Erkenntnis. Nur wer diese Grundstimmung hat, kann Geheimschüler werden. Wer Erlebnisse auf diesem Gebiete hat, der weiß, welche Anlagen bei denen schon in der Kindheit zu bemerken sind, welche später Geheimschüler werden. Es gibt Kinder, die mit heiliger Scheu zu gewissen von ihnen verehrten Personen emporblicken. Sie haben eine Ehrfurcht vor ihnen, die ihnen im tiefsten Herzensgrunde verbietet, irgendeinen Gedanken aufkommen zu lassen von Kritik, von Opposition. Solche Kinder wachsen zu Jünglingen und Jungfrauen heran, denen es wohltut, wenn sie zu irgendetwas Verehrungsvollem aufsehen können. Aus den Reihen dieser Menschenkinder gehen viele Geheimschüler hervor." (GA 10, S. 4 f.)

Es geht Steiner um Devotion, um hingebungsvolle Verehrung, die nicht jedem in die Wiege gelegt wird, die aber Voraussetzung für das Beschreiten des Erkenntnispfades ist.

„Wer eine solche Vorbereitung nicht mitbringt, dem erwachsen schon auf der ersten Stufe des Erkenntnispfades Schwierigkeiten, wenn er nicht durch Selbsterziehung die devotionelle Stimmung energisch in sich zu erzeugen unternimmt." (ebenda)

Er beklagt die kritische Grundhaltung vieler Mitmenschen, die er schon bei Kindern beobachtet.

„In unserer Zeit ist es ganz besonders wichtig, dass auf diesen Punkt die volle Aufmerksamkeit gelenkt wird. Unsere Zivilisation neigt mehr zur Kritik, zum Richten, zum Aburteilen und wenig zur Devotion, zur hingebungsvollen Verehrung. Unsere Kinder schon kritisieren viel mehr, als sie hingebungsvoll verehren. Aber jede Kritik, jedes richtende Urteil vertreiben ebenso sehr die Kräfte der Seele zur höheren Erkenntnis, wie jede hingebungsvolle Ehrfurcht sie entwickelt." (ebenda)

Hat der angehende Geheimschüler gegebenenfalls seine kritische Grundhaltung abgelegt, soll er seine hellsichtigen „Schauungen" mit denen seines Lehrers abgleichen, um so zu wahren Erkenntnissen zu gelangen:

„Wer, ohne auf bestimmte Tatsachen der übersinnlichen Welt den Seelenblick zu richten, nur 'Übungen' macht, um in die übersinnliche Welt einzutreten, für den bleibt diese Welt ein unbestimmtes, sich verwirrendes Chaos. Man lernt sich einleben in diese Welt gewissermassen naiv, indem man sich über bestimmte Tatsachen derselben unterrichtet, und dann gibt man sich Rechenschaft, wie man – die Naivität verlassend – vollbewusst selbst zu den Erlebnissen gelangt, von denen man Mitteilung erlangt hat." (GA 13, S. 53)

Der anthroposophische Lehrling lernt also nicht, selbst Erkenntnisse zu gewinnen. Der Austausch mit dem Lehrer und seine Anleitung sind wesentlich, um den Schulungsweg erfolgreich zu absolvieren. Im Ergebnis führt dies dazu, dass der Schüler lernt, die Erkenntnisse seines Lehrers zu reproduzieren. Dieses Verfahren ist, wie wir gleich sehen werden, nur scheinbar intersubjektiv und führt zu erkenntnistheoretischen Problemen: Die Erkenntnisse des Schülers lassen sich zurückführen auf die Erkenntnisse des Lehrers, dessen Erkenntnisse sich wiederum auf die Erkenntnisse seines Lehrers zurückführen lassen, usw. Verfolgt man diese Kette, kann das Problem auftreten, das man vom Kinderspiel „Stille Post" her kennt: Die zu tradierende geheime Botschaft könnte sich allmählich verändern. Doch auch wenn wir den „Stille-Post-Effekt" außer Acht lassen und die Kette bis hin zum ersten Lehrer verfolgen, stellt sich das Problem, dass man nicht wissen kann, ob die Schauungen dieses ersten Lehrers wahr sind. Es können also nicht prinzipiell alle Betrachter zur gleichen Erkenntnis gelangen, so wie es das Intersubjektivitätskriterium fordert, sondern nur diejenigen, die sich mit unkritischer Grundhaltung in die Tradition des ersten Lehrers, Rudolf Steiner, stellen.

Gleichzeitig ist es aber sehr wahrscheinlich, dass der Lehrling der Selbsttäuschung unterliegt, nicht durch Suggestion von außen, sondern durch eigene Beobachtungen und Überlegungen zu seinen Erkenntnissen über die Schauung der geistigen Welt gelangt zu sein. Durch diese Selbsttäuschung wird das anthroposophische Weltbild gegen Argumente von außen immunisiert.

2. Empirische Überprüfbarkeit

Unter Empirie (abgeleitet vom griechischen empeiría: Erfahrung, Erfahrungswissen) versteht man das methodisch-systematische Sammeln von Daten, z. B. durch Beobachtungen, Befragungen oder Experimente. Im wissenschaftlichen Zusammenhang ist es üblich, mit Hilfe empirischer Methoden Aussagen (Hypothesen) anhand von (möglichst) objektiv gewonnenen Informationen aus der Umwelt zu generieren oder zu überprüfen.

Steiner behauptete, dass die Anthroposophie nicht im Widerspruch zur herkömmlichen Wissenschaft stehe und seine Anhänger vertreten diese Auffassung bis heute. Er war der Meinung, dass sich die scheinbaren Widersprüche in naher Zukunft mehr und mehr auflösen würden und sich die Naturwissenschaften auf die „Geisteswissenschaft" zubewegen würden.

„Mit der naturwissenschaftlichen Tatsachenforschung stehen die Ergebnisse der Geisteswissenschaft nirgends in Widerspruch. Überall, wo man unbefangen auf das Verhältnis der beiden hinsieht, zeigt sich vielmehr für unsere Zeit etwas ganz anderes. Es stellt sich heraus, daß diese Tatsachenforschung hinsteuert zu dem Ziele, das sie in gar nicht zu ferner Zeit in volle Harmonie bringen wird mit dem, was die Geistesforschung aus ihren übersinnlichen Quellen für gewisse Gebiete feststellen muß." (GA 11, S. 240)

Steiner prognostiziert hier nichts Anderes, als dass die Naturwissenschaften wiederentdecken würden, was er selbst und die anthroposophische Geisteswissenschaft längst wüssten. Steiner spricht von „hunderten von Fällen", die er als Beleg für seine Behauptung anführen könne.

Nun sollte man annehmen, dass sich die herkömmlichen Wissenschaften mit ihren Erkenntnissen in den über 90 Jahren seit Steiners Tod der Anthroposophie angenähert hätten. Nehmen wir Rudolf Steiner also beim Wort und greifen wir exemplarisch einige seiner überprüfbaren Behauptungen heraus; es ließen sich noch viele weitere finden.

I. Die spezielle Relativitätstheorie ist fehlerhaft und wer sich mit Schallgeschwindigkeit bewegt, kann keinen Schall hören

„Denn all der glänzende Unsinn, den man heute z. B. als Realphilosophie verzapft, durch welchen Einstein ein grosser Mann geworden ist, der wird nur zurückgewiesen werden können, wenn man über diese Dinge klare Begriffe haben wird, die den Wirklichkeiten entsprechen. Wissen Sie, die Relativitätstheorie ist ja so einleuchtend. Nicht wahr, man braucht sich nur vorzustellen, dass – nun ja, wenn in einer Entfernung eine Kanone losgeschossen ist, so hört man es erst nach einer bestimmten Zeit. Nun, nehmen wir aber an, wir bewegen uns zur Kanone hin, nicht wahr, so hört man sie früher, weil man ja näher kommt. Nun schliesst der Relativitätstheoretiker: wenn man nun eben so schnell sich bewegt, wie der Schall geht, dann geht man mit dem Schall, dann hört man ihn nicht. Und geht man gar schneller als der Schall, dann hört man etwas, was später abgeschossen wird, früher als das, was früher abgeschossen worden ist. Das ist ja heute eine allgemein angenommene Vorstellung, nur just steht sie nicht im geringsten Verhältnis zur Wirklichkeit. Denn wenn man sich ebenso schnell bewegt, wie der Schall, so kann man selber ein Schall sein, aber man kann keinen

Schall hören. Diese ganzen ungesunden Vorstellungen leben aber heute als Relativitätstheorie und geniessen das allergrösste Ansehen." (GA 176, S. 239)

An diesem Zitat wird offenbar, dass Steiner weder die spezielle Relativitätstheorie verstanden hat noch die Physik des Schalls. Schallwellen sind, im Gegensatz zum Licht, vollständig materielle Wellen, die sich nur in einem Medium, wie z. B. der Luft, ausbreiten können. Da Schallwellen sehr viel langsamer sind als elektromagnetische Wellen, wie beispielsweise Licht, sind die Gesetze der klassischen Physik völlig ausreichend, um sie korrekt zu beschreiben. Relativistische Effekte kann man bei ihnen nicht beobachten, weshalb Steiners Beispiel gänzlich ungeeignet ist, um Kritik an der Relativitätstheorie zu üben.

Steiner beschreibt zwar korrekt, dass man Schall nicht hört, wenn man sich mit Schallgeschwindigkeit von den sich ausbreitenden Schallwellen wegbewegt. Seine nächste Aussage „Und geht man gar schneller als der Schall, dann hört man etwas, was später abgeschossen wird, früher als das, was früher abgeschossen worden ist", ist aber unklar. Gehen wir zu seinen Gunsten davon aus, dass er meint, man höre ein später einsetzendes Schallereignis früher, wenn man sich mit Überschallgeschwindigkeit von der Schallquelle weg, in Richtung des sich ausbreitenden Schalls bewegt, so ist das so richtig wie trivial. Nehmen wir an, zwei gleich schnelle Läufer starten an derselben Stelle zu unterschiedlichen Zeitpunkten und man selbst verfolgt diese beiden Läufer mit größerer Geschwindigkeit. Selbstverständlich holt man den zuletzt gestarteten Läufer als Ersten ein. Diese einfachen Effekte lassen sich mit der klassischen Physik bestens beschreiben und belegen, auch wenn Steiner glaubt, sie stünden „nicht im geringsten Verhältnis zur Wirklichkeit". Vollends absurd wird es, wenn Steiner meint, man könne „selber ein Schall sein", wenn man sich mit Schallgeschwindigkeit bewegt, aber man könne nichts hören.

Mit der Relativitätstheorie, die Steiner hier zu kritisieren versucht, haben seine Beispiele nicht das Geringste zu tun. Würde seine Kritik einen wahren Kern haben, so dürfte man annehmen, dass sich die moderne Physik in den letzten rund hundert Jahren von der speziellen Relativitätstheorie wegbewegt hat. Tatsächlich ist aber das Gegenteil der Fall: die Relativitätstheorie ist durch zahlreiche Versuche mit teils wahnwitzigem Aufwand heute besser empirisch abgesichert denn je.

II. Das Herz ist keine Pumpe

„Nun glaubt die Wissenschaft, daß das Herz eine Art von Pumpe ist. Das ist eine groteske phantastische Vorstellung. Niemals hat der Okkultismus eine solch phantastische Behauptung aufgestellt wie der heutige Materialismus. Das, was die bewegende Kraft des Blutes ist, sind die Gefühle der Seele. Die Seele treibt das Blut, und das Herz bewegt sich, weil es vom Blute getrieben wird. Also genau das Umgekehrte ist wahr von dem, was die materialistische Wissenschaft sagt. Nur kann der Mensch sein Herz heute noch nicht willkürlich leiten; wenn er Angst hat, schlägt es schneller, weil das Gefühl auf das Blut wirkt und dieses die Bewegung des Herzens beschleunigt." (GA 99, S. 148)

Die moderne Medizin versteht das Herz-Kreislaufsystem heute sehr gut. Wir wissen über die Rolle verschiedener Transmitter und Hormone bei der Regulation des Herzschlags, die der Herzmuskel als Pumpe ausführt. 2015 wurden alleine in Deutschland 286 Herztransplantationen durchgeführt.[7] Regelmäßig kommen dabei unterschiedliche Arten von Kunstherzen zum Einsatz, die das Herz der Patienten ganz oder teilweise ersetzen und technisch gesehen Pumpen sind. Die Evidenz, die für das Herz als Pumpe und gegen Steiners These spricht, ist derart überwältigend, dass man von einem unbestreitbaren Fakt sprechen kann.

III. Wir denken nicht (ausschließlich) mit dem Gehirn

„Man denkt sich, daß alle Denkfunktionen, alle logischen Verrichtungen an das Gehirn gebunden seien. Man versucht dann die logischen Verrichtungen zu unterscheiden in das Vorstellen, in das Urteilen, in das Schließen, Schlüsse machen. (…) Nun hat sich diese Anschauung, daß alles Logische gewissermaßen eine Kopffunktion sei, so festgelegt, daß dem Menschen allmählich der unbefangene Blick verlorengegangen ist für die Wirklichkeit dieses Gebietes. (…) Von den logischen Funktionen: Vorstellen, Urteilen, Schließen, ist eigentlich nur das Vorstellen eine wirkliche Kopffunktion. Und dessen sollen wir uns sehr bewußt werden, daß eigentlich nur das Vorstellungenbilden, nicht aber das Urteilen und das Schließen, eine Kopffunktion ist. (…) [Der Kopf] sitzt auf dem Körper wie ein Parasit darauf und benimmt sich auch wie ein Parasit. Es ist schon notwendig, daß man die materialistische Anschauung, als ob wir vom Kopf so außerordentlich viel hätten – wir brauchen ihn als Spiegelungsapparat –, daß man diese Ansicht aufgibt. Das ist schon notwendig. Wir müssen den Kopf ansehen lernen als ein Bild unserer vorgeburtlichen geistig-seelischen Organisation. Aber das Vorstellen ist ja tatsächlich an den Kopf gebunden, nicht aber das Urteilen. Das Urteilen ist eigentlich an den mittleren Organismus und namentlich an die Arme und Hände gebunden. Wir urteilen eigentlich in Wirklichkeit mit den Armen und Händen. Vorstellen tun wir mit dem Kopf. Wenn wir also den Inhalt eines Urteils vorstellen, so geht das Urteilen selbst in dem Mechanismus der Arme und Hände vor sich, und nur das vorstellungsgemäße Spiegelbild geht im Kopfe vor sich. (…) Das Schließen, das Schlüsse bilden, hängt nun zusammen mit Beinen und Füßen. Natürlich werden Sie heute ausgelacht, wenn Sie einem Psychologen sagen, man schließt nicht mit dem Kopf, sondern man schließt mit den Beinen, mit den Füßen, aber das letztere ist doch die Wahrheit, und würden wir als Mensch nicht auf Beine und

Füße hin organisiert sein, würden wir eben nicht Schlüsse bilden können." (GA 302, S. 27 f.)

Zumindest außerhalb esoterischer Kreise wird man angesichts der wissenschaftlichen Erkenntnisse, z. B. aus der Psychologie oder der Hirnforschung, wohl auch heute noch ausgelacht, wenn man Annahmen trifft, wie Steiner im zitierten Vortrag aus dem Jahr 1921. Urteils- und Entscheidungsprozesse werden heute sehr viel besser verstanden. So hat es auf diesem Gebiet in den letzten Jahren rasante Entwicklungen gegeben, auf deren Grundlage man feststellen kann, dass sich der Stand der wissenschaftlichen Erkenntnis immer weiter von Steiners Behauptungen entfernt hat, anstatt sich anzunähern.

Es ließen noch etliche weitere Beispiele in Steiners Werk finden, an denen er mit seinen Behauptungen falsch lag. An manchen Stellen, z. B. wenn er über Schall oder die Relativitätstheorie spricht, zeigt sich, dass er noch nicht einmal den Stand der Wissenschaft zu seiner Zeit richtig verstanden hat.

Die Voraussage Steiners, die Wissenschaften würden seine anthroposophische Lehre immer mehr bestätigen, ist also eindeutig falsch. An vielen Stellen ist das Gegenteil der Fall. Möchte man mit diesem Befund nicht die ganze Anthroposophie in Frage stellen, so müsste man einräumen, dass sich Steiner an vielen Stellen geirrt hat. Dies führt aber zurück zu einem Problem, das sich aus dem anthroposophischen Schulungsweg ergibt. Wenn die Anthroposophie angeblich exaktes Wissen liefert, gleichzeitig aber schon bei ihrem Gründer versagt, wie will man echte Hellsicht von den Irrtümern unterscheiden? Schließlich muss man als Schüler seine hellsichtigen Schauungen mit denen seines Lehrers abgleichen. Gläubige Anthroposophen räumen deshalb Steiners zahlreiche Irrtümer nicht ein, stattdessen interpretieren sie Steiners Aussagen um, relativieren oder leugnen sie.

Fazit

Wie wir gesehen haben, kann die Anthroposophie weder den eigenen Anspruch auf Intersubjektivität noch auf empirische Überprüfbarkeit erfüllen. Der schwedische Philosoph Sven Ove Hansson schreibt in seinem Aufsatz über den Wissenschaftsanspruch der Anthroposophie: „Ich sehe nur einen möglichen Ausweg für den gläubigen Anthroposophen. Dieser Ausweg besteht darin, Steiners Warnungen vor einer kritischen Haltung gegenüber dem Okkultismus (d. h. gegenüber Steiners Lehren) ernst zu nehmen. Wenn manche von Steiners Aussagen falsch oder widersprüchlich erscheinen, dann ist das nur deswegen so, weil wir sie nicht richtig verstehen. Wo liegt also das Problem? Das Problem liegt darin, dass praktisch nichts übrig ist, was die Anthroposophie mit der Wissenschaft gemein haben kann."[8]

Diesem vernichtenden Befund ist nichts hinzuzufügen. Der Begriff der „Geisteswissenschaft" für die Anthroposophie geht völlig fehl und ist Teil anthroposophischer Selbst- und Fremdtäuschung. Er führt im Ergebnis zur Selbstüberschätzung, weil man glaubt, über überlegenes objektives Wissen zu verfügen.

Steiner geht aber sogar noch einen Schritt weiter, wenn er sagt: „So wird auch das Erkennen zu einem Vorgang in der Wirklichkeit. Fragen offenbaren sich in der Welt, Antworten offenbaren sich als Wirklichkeiten; Erkenntnis im Menschen ist dessen Teilnahme an dem, was sich die Wesen und Vorgänge in der geistigen und physischen Welt zu sagen haben." (GA 28, S. 319)

Dieses Zitat erscheint sehr rätselhaft. Offenbar meint Steiner damit, dass der Vorgang des Erkennens einen Rückschluss auf die Wirklichkeit erlaubt. Dadurch, dass ich mir etwas geistig vorstelle (erkenne), nehme ich als Mensch teil an dem, was in der „geistigen und physischen Welt" vor sich geht. Es wird dadurch real. Hier liegt Steiners gedanklicher Kurzschluss. Nicht, weil ich mir einen Baum vorstellen kann, gibt es Bäume; sondern meine Vorstellung hält der Überprüfung an der Wirklichkeit stand. Jeder kann hinaus in die Welt gehen und sinnlich erfahren, dass es Bäume gibt. Steiner schreibt jedoch: „Die Ideen-Bilder haben doch nur eine Berechtigung, wenn sie auf eine solche geistige Wirklichkeit, die der sinnenfälligen zugrundeliegt, hindeuten." (GA 28, S. 175) Im Klartext heißt das, dass es Kobolde und Feen wirklich gibt, weil ich sie mir vorstellen kann. Steiner schließt vom Schein auf das Sein.[9]

Wie soll aber eine solche Erkenntnis wissenschaftlich sein, wenn sie doch schon durch ihre bloße Existenz wahr ist? Bis zum heutigen Tage behaupten Anthroposophen allen Einwänden zum Trotz, Wissenschaft zu betreiben. Dabei ist ihre Lehre nicht über Steiners Schauungen hinausgelangt. „Insofern stellt die Geistesforschung Steiners ein Kuriosum dar; es dürfte sich hier um die einzige Disziplin mit wissenschaftlichem Anspruch handeln, die schon bei ihrer Geburt am Ende war."[10]

Was Rudolf Steiner und Anthroposophen bis heute als „Geisteswissenschaft" verkaufen, ist tatsächlich okkulte Geisterseherei.

1.2 Rudolf Steiner als Philosoph und Wissenschaftler

●●● Behauptung: Rudolf Steiner war ein Philosoph und Wissenschaftler. ●●●●●●●●●●●●●●●●●●●●●●●●●

Im Umfeld der Anthroposophie und ihrer Praxisfelder wird Rudolf Steiner gerne verklärend als Philosoph dargestellt. So ist auf der Homepage des *Bundes der Freien Waldorfschulen* zu lesen:

„Rudolf Steiner war promovierter Philosoph und hat sich zeitlebens nicht gescheut, seine oft sehr kritischen Gedanken über die Zeitlage und die vermeintlichen Grenzen des Erkennens scharf zu formulieren. Früh beschäftigte er sich mit Mathematik, den Naturwissenschaften sowie Goethes naturwissenschaftlichen Schriften. Wiederholt betonte er die Notwendigkeit einer mathematisch-naturwissenschaftlichen Bildung als Voraussetzung für ein Verständnis der anthroposophischen Geisteswissenschaft. Es ist eine auch heute noch wenig bekannte Tatsache, dass er vor dem ursprünglichen Lehrerkollegium über vierzig Vorträge in drei Zyklen über Naturwissenschaft hielt.

Bemerkenswert ist unter anderem, dass er in einem dieser Vorträge schon im Jahre 1920 eine Lichtwirkungsgleichung an die Tafel schrieb, die mit der von Erwin Schrödinger 6 Jahre später veröffentlichten und nach ihm benannten Schrödinger-Gleichung mathematisch identisch ist und die Interpretation Feynmans von einer Diffusion mit imaginärer Diffusionskonstante vorwegnimmt. Sie spielte als Grundlage der Quantenphysik in der modernen Naturwissenschaft eine nicht unbedeutende Rolle. Steiners Erkenntnismethode war eben keineswegs vage und okkult-nebulös, wie manchmal behauptet wird. Sonst hätte sie sich nicht auf so vielen Gebieten als äußerst lebenspraktisch und kulturerneuernd erwiesen."[11]

Man hat den Eindruck, als wolle man den Esoteriker Rudolf Steiner in den Hintergrund treten lassen, um die Bühne frei zu machen für den großen Naturwissenschaftler und Philosophen Rudolf Steiner.

Nachdem wir bereits gesehen haben, dass die Anthroposophie ihrem eigenen Anspruch an Wissenschaftlichkeit nicht gerecht wird, liest man verwundert, Rudolf Steiner hätte die Schrödinger-Gleichung sechs Jahre vor ihrer Publikation vorweggenommen. So wie es der *Bund der Freien Waldorfschulen* schreibt, drängt sich der Eindruck auf, Steiner hätte schon lange vor ihrer Entdeckung um quantenphysikalische Phänomene gewusst. Bei nüchterner Betrachtung des betreffenden Steiner-Vortrags kommt man hingegen zu einem ganz anderen Schluss. So schreibt der promovierte Physiker Andreas Krämer in seiner Analyse: „Den Vergleich von Steiners physikalischer Intuition mit der Intuition von Nobelpreisträger Feynman halte ich nach meiner bisherigen Lektüre beider Autoren für ausgesprochen anmaßend und falsch.“[12]

Sein Fazit: „Für den Physiker ist eine mathematische Formel ohne eine klare Beschreibung der enthaltenen Grössen keine Theorie. Nach meinem Verständnis der Grössen in der Steinerschen Formel (Kontext Wärmeleitung / Energieumsatz) wird daraus sogar eine falsche Theorie.“[13]

Rudolf Steiner mit legendären Physik-Nobelpreisträgern in eine Reihe zu stellen, führt also in die Irre. Doch wie steht es um den Philosophen Rudolf Steiner? Um diese Frage zu beantworten, betrachten wir zunächst Steiners Biografie, etwa ab der Aufnahme seines Studiums, und seine Schriften aus dieser Zeit bis hin zur *Philosophie der Freiheit*, das er als sein Hauptwerk bezeichnete. Nach dieser Zeit erfolgt der endgültige Bruch in seinem Leben. Rudolf Steiners Lebensgeschichte war weniger gradlinig, als er selbst es in späteren Jahren aussehen lassen wollte, als er seine Biografie erheblich glättete. Bevor Steiner zum Theosophen und später zum esoterischen Guru der Anthroposophen wurde, versuchte er als Philosoph in der akademischen Welt Fuß zu fassen.

Schon während seines naturwissenschaftlich ausgerichteten Studiums in Wien, das er nach drei Jahren ohne Abschluss abbrach, beschäftigte sich Steiner verstärkt mit Philosophie. Nach dem Studienabbruch ging er seinen philosophischen Interessen verstärkt nach und er beschäftigte sich mit neueren Philosophen und deren Schriften, wenngleich er in seiner Autobiografie *Mein Lebensweg* wohl kräftig übertrieb, was Umfang und Intensität der Auseinandersetzung angeht.[14] Vor allem Johann Gottlieb Fichte (1762–1814), der neben Hegel und Schelling zu den drei Säulenheiligen des deutschen Idealismus zählt, hatte es ihm angetan.

Ausgehend von Immanuel Kant versuchten die Idealisten ein umfassendes philosophisches System zu entwerfen, mit dem man die Welt „wissenschaftlich" erkennen und darstellen könnte. Ein Problem, das Kant hinterlassen hatte, war das ungeklärte Verhältnis zwischen Subjekt und Objekt. Kant unterscheidet zwischen der denkenden und erkennenden Person (dem Subjekt) und der objektiven Welt, „den Dingen an sich". Diese „Dinge an sich" sind dem denkenden und erkennenden Ich prinzipiell nicht vollständig zugänglich, weil es die „Dinge an sich" nur durch den Filter des Denk- und Erkenntnisapparates wahrnehmen kann. Allerdings sind die „Dinge an sich" nach Kant eine subjektunabhängige Erkenntnisquelle.

Fichte, der im engstirnigen, deutschnationalen Milieu der bürgerlichen Gesellschaft des späten 19. Jahrhunderts populär war, versuchte die Dualität von Denken und den „Dingen an sich" durch die Annahme aufzuheben, dass das Subjekt die Objekte um es herum frei von äußeren Einflüssen setzt. Das Ich schafft die Realität, die „Dinge an sich" sind demnach eine reine Erfindung. Um das Subjekt zu befreien, „opfert" Fichte die reale Welt, ein Ansatz der im krassesten Widerspruch zu den Grundannahmen der Natur- und Geisteswissenschaften steht. Bertrand Russell urteilt in seiner *Philosophie des Abendlandes* vernichtend, wenn er schreibt, Fichte „trieb den Subjektivismus in einer Art auf die Spitze, die schon an Wahnsinn grenzt".[15]

Steiner seinerseits glaubte, den Deutschen Idealismus hinter sich gelassen zu haben. Die Überbetonung des Subjekts hatte er wohl als Problem erkannt und er nahm an, dass die Ideen unserer Wahrnehmung vorausgehen. Einfach ausgedrückt gewinnen wir also nicht durch das Betrachten von Dreiecken die Idee eines Dreiecks, sondern umgekehrt bewirkt die Idee des Dreiecks, dass wir Dreiecke erfahren.

„Was die Philosophen das Absolute, das ewige Sein, den Weltengrund, was die Religionen Gott nennen, das nennen wir, auf Grund unserer erkenntnistheoretischen Erörterungen: die Idee. Alles, was in der Welt nicht unmittelbar als Idee erscheint, wird zuletzt doch als aus ihr hervorgehend erkannt. Was oberflächliche Betrachtung bar alles Anteils an der Idee glaubt, leitet tieferes Denken aus ihr ab. Keine andere Form des Daseins kann uns befriedigen, als die aus der Idee hergeleitete. Nichts darf abseits stehen bleiben, alles muß ein Teil des großen Ganzen werden, das die Idee umspannt." (GA 1, S. 162)

Dieses Zitat findet sich im ersten Band der Gesamtausgabe Steiners, der mit *Goethes Naturwissenschaftliche Schriften* betitelt ist. Steiner arbeitete ab 1882 im Auftrag Joseph Kürschners, Herausgeber der ersten Goethe-Gesamtausgabe, an der Edition der naturwissenschaftlichen Schriften Goethes – bemerkenswert für einen jungen Studenten ohne jeden Abschluss. Allerdings trieb er seinen Auftraggeber durch seine notorische Unzuverlässigkeit schier in den Wahnsinn. Jahrelang musste dieser auf lange versprochene Manuskripte warten und wurde unterdessen wieder und wieder hingehalten. Steiner legte mit *Grundlinien einer Erkenntnistheorie der Goetheschen Weltanschauung* seine eigene Goethe-Interpretation vor, in der er den großen Weimarer Dichter eher als Projektionsfläche für seine eigenen erkenntnistheoretischen Gedanken benutzt, als dass er ernsthaft versucht, dessen Gedanken zu reflektieren.[16] Ab 1890 übernahm Steiner zudem die Herausgabe der naturwissenschaftlichen Schriften Goethes für die sogenannte „Sophien-Ausgabe", die erste große historisch-kritische Weimarer Goethe-Ausgabe.

Diese Arbeit litt aber unter Steiners mangelhafter Arbeitshaltung. Ihm unterliefen zahlreiche handwerkliche Fehler, Texte wurden falsch zugeordnet, blieben gänzlich unberücksichtigt oder wurden nicht in die richtige historisch-chronologische Reihenfolge gebracht. In der Folge von Steiners schlampiger Arbeit und harscher Kritik aus der Fachwelt musste 1904 sogar ein Nachtragsband publiziert werden.

Steiner fühlte sich, obwohl Studienabbrecher ohne Abschluss, zu einer akademischen Karriere berufen. Diese versuchte er auf dem Wege einer Dissertation zu erreichen, die damals zwar nicht in Österreich, wohl aber in Deutschland, auch ohne Studienabschluss möglich war. Nachdem erste Versuche scheiterten, fand er mit dem Philosophiehistoriker Heinrich von Stein einen Doktorvater, der seinem Idealismus nahestand. 1891 reichte er seine 48-seitige Doktorarbeit mit dem Titel *Die Grundfrage der Erkenntnistheorie mit besonderer Berücksichtigung auf Fichte's Wissenschaftslehre* ein.

Darin weist Steiner auf wenigen Seiten die kantische Philosophie zurück, wobei sich zeigt, dass er Kant nicht verstanden hat. In den Grenzen der Erkenntnis, der nicht überbrückbaren Spaltung zwischen (erkennendem) Subjekt und Objekt (den „Dingen an sich"), die Kant als Ergebnis seiner Philosophie beschreibt und begründet, sieht Steiner Denkfehler, ohne dass er dafür nachvollziehbare Argumente liefert.

Steiner versucht, Fichtes überbordenden Subjektivismus durch „das Denken" hinter sich zu lassen. „Das Denken" gehört laut Steiner mit dem „Ich" zur Wirklichkeit. Damit glaubte er die unüberbrückbare Schwelle zwischen „Ich" und der „Wirklichkeit" aufgehoben. „Das Gegebene durch das Denken bestimmen heißt erkennen", schreibt er.[17] Eine Definition, was „das Denken" oder das „Ich" eigentlich sein soll und wo es herkommt und wie beide in Beziehung zueinander stehen, bleibt er ebenso schuldig, wie eine Begründung, warum er überhaupt zwischen „Ich" und „Denken" unterscheidet. Das „Denken" erscheint freischwebend und losgelöst vom „Ich". Steiner war fälschlicherweise überzeugt, so einen objektiven Idealismus begründen zu können, der Naturwissenschaft und Philosophie wieder in Einklang bringt.

Steiners Begriffe bleiben im Unklaren und damit seine ganze „Philosophie". Das eröffnet den Anhängern Steiners Raum für wilde Spekulationen, die in den Worten des „Doktors" immer etwas finden können, was dieser angeblich gesagt oder gemeint hat. Andererseits erschwert es die Kritik, denn man hat Mühe, überhaupt ein greifbares philosophisches Argument auszumachen. Einen Satz wie den oben zitierten („Das Gegebene durch das Denken bestimmen heißt erkennen") kann man nur kritisieren, wenn man weiß, was Steiner unter den Begriffen, die er verwendet, versteht. Was ist das „Gegebene" und was „Denken"? Dass das „Denken" eben nicht unabhängig von der denkenden Person und ihrer Umwelt passiert, dass es biologischen und soziokulturellen Voraussetzungen unterliegt, kommt nicht im Ansatz vor. Und so fabuliert Steiner 48 Seiten lang, ohne wirklich etwas zu sagen.

Die offensichtlichen Mängel seiner Arbeit blieben nicht verborgen und Steiner erhielt die Note „rite", die schlechteste Note, mit der man gerade noch bestand.

Nach seiner Dissertation schrieb Steiner ein weiteres Buch mit dem Titel *Philosophie der Freiheit* (GA 4), das er später als sein Hauptwerk betrachtete und das er wohl als Habilitationsschrift geplant hatte. Er glaubte, damit eine voraussetzungslose Erkenntnistheorie zu begründen, und gab dem Werk den irreführenden Untertitel: „Beobachtungsresultate nach naturwissenschaftlicher Methode".

In der *Philosophie der Freiheit* behauptet Steiner, der Mensch könne wirklich frei handeln, wenn er nur sich selbst gehorche. Auch Gesetze und gesellschaftliche Regeln seien „sämtlich aus den Intuitionen freier Geister entsprungen" und das „gemeinsame Ziel einer menschlichen Gemeinschaft … nur die Folge der einzelnen Willenstaten der Individuen, und zwar meist einiger weniger Auserlesener, denen die anderen, als ihren Autoritäten folgen". Gedanken, die Zander als „philosophische Aristokratie in Reinform" bezeichnet.[18] Trotz des hochtrabenden und für viele bis heute attraktiv klingenden Titels, meint Steiner also nicht die Freiheit aller, sondern die einzelner Auserwählter.

Auch in der *Philosophie der Freiheit* kritisiert Steiner Kants Erkenntnistheorie. Während Kant sich der Grenzen der Erkenntnis bewusst ist und sie zum zentralen Element seiner Philosophie macht, sieht Steiner keinerlei Grenzen der Erkenntnis. Der Mensch und sein Denken sind Teil eines „Ganzen", eines „Kosmos", in dem sie aufgehen. Er entfernt sich mit der *Philosophie der Freiheit* vom Idealismus. Das Individuum wird zum Teil eines ganz großen „Ganzen", dem eher die Rolle des Zuschauers eines großen Welttheaters zukommt, der ein allgemeines Welterleben mit(er)leben kann. Während Kant für eine kritische Reflexion der eigenen Erkenntnismethoden eintritt und den Nachweis führt, dass alles Göttliche jenseits unserer Erkenntnismöglichkeiten liegt, ist bei Steiner „das Denken" etwas Göttliches, freischwebend außerhalb der eigenen Person zu Verortendes, ohne dass er dafür auch nur den Ansatz eines Nachweises liefern würde. An diese Voraussetzung muss man glauben, man kann sie nicht aus der Erfahrung ableiten, das eben hat Kant bewiesen. Glaubt man nicht daran, so ist Steiners selbsterklärtem Hauptwerk der Boden entzogen.

Heiner Ullrich stellt dazu fest: „Was unter dem Postulat der Voraussetzungslosigkeit scheinbar in 'phänomenologischer' Manier mit dem 'unmittelbar Gegebenen' beginnt und den kritischen Zweifel am naiven (Abbild-)Realismus unserer Erfahrung als Vorurteil brandmarkt, ist tatsächlich von einer voraussetzungsreichen idealistischen Metaphysik erfüllt. Steiner weist den Satz, die Welt sei mir als Vorstellung gegeben, als anmaßende, zirkuläre Voraussetzung der Erkenntnistheorie zurück, um – scheinbar voraussetzungslos und induktiv 'nach naturwissenschaftlicher Methode' – nur umso dogmatischer eine pantheistische Ontologie, Kosmologie, Anthropologie und Ethik darzulegen. Was er als 'Beobachtungsresultat' bezeichnet, 'dass das Denken das Wesen der Welt ist und dass das individuelle menschliche Denken die einzelne Erscheinungsform dieses Wesens ist' (GA 2, 1960, 79), ist in Wahrheit seine unableitbare metaphysische Voraussetzung, ja Glaubensgewissheit. Zu ihr kann man nicht induktiv gelangen; von ihr sind jedoch alle seine Aussagen über Geist, Welt und Denken abgeleitet."[19]

Auch Helmut Zander sieht in der *Philosophie der Freiheit*, anders als Steiner selbst, kein konsistentes philosophisches Werk: „Auch wenn Steiner dieses Werk lebenslang als sein Opus Magnum betrachten sollte und es später zum erkenntnistheoretischen Grundlagenwerk der Anthroposophie erhob, gibt es keinerlei Zweifel, dass dieses Buch zwischen Tür und Angel entstand."[20]

Für die *Philosophie der Freiheit* gilt, was man auch schon seiner Dissertationsschrift attestieren muss: Steiner bleibt eine Definition seiner Begriffe und eine klare Argumentation jenseits von Glaubenssätzen schuldig und liefert deshalb eher hohle Freiheitsrhetorik als Freiheitsphilosophie.

Steiners Hoffnungen, eine akademische Karriere einschlagen zu können, zerschlugen sich in den 1890er Jahren endgültig und um 1900 wird Steiner Esoteriker, indem er sich der Theosophie zuwendet, von der er sich später abspaltet und die Anthroposophie begründet.

Nichtsdestotrotz werden gerade Steiners frühe Schriften von Anthroposophen immer wieder angeführt, um den Philosophen Steiner vor den Esoteriker Steiner zu stellen.

Fazit

Rudolf Steiner war ein promovierter Philosoph und hat einige philosophische Schriften veröffentlicht. Aus diesem Blickwinkel ist es legitim und formal richtig, ihn als Philosophen zu bezeichnen. Folgt man Karl Popper, sind überhaupt alle Menschen Philosophen, denn alle Menschen denken höchst unterschiedlich über existentielle Grundfragen nach.

Wenn aber alle Menschen Philosophen sind, muss man einzelne Menschen nicht mehr als solche bezeichnen. Wenn man einzelne als Philosophen heraushebt und kenntlich macht, dann in der Regel, weil sie eine Philosophie hinterlassen haben, die Antworten auf existentielle Fragen gibt.

Deshalb erscheint es irreführend, wenn sich der *Bund der Freien Waldorfschulen* auf „den Philosophen" Rudolf

Steiner beruft, der sich nicht gescheut habe, „seine oft sehr kritischen Gedanken über die Zeitlage und die vermeintlichen Grenzen des Erkennens scharf zu formulieren". Einen originell neuen, geschweige denn „scharfen" Gedanken sucht man in Steiners Schriften vergeblich. Er bezieht sich auf absolute Größen der Philosophie: auf Hume, Kant und Fichte. Aber von deren philosophischen Höhen aus betrachtet, ist Steiner unsichtbar. Aufgrund der mangelhaften Qualität seiner Schriften blieb ihm eine akademische Laufbahn verwehrt.

Auch in der Nachbetrachtung hat Steiner keine (philosophischen) Schriften hinterlassen, an die man sich heute noch erinnern würde, hätte der Esoteriker Rudolf Steiner nicht Karriere gemacht. Seine „philosophischen" Schriften arbeiten mit unklaren Begriffen, sind logisch inkonsistent und fallen weit hinter die Errungenschaften der Aufklärung zurück. Ihr Mangel zeigt sich auch im Scheitern am eigenen Anspruch (z. B. „naturwissenschaftlicher Betrachtungen"), sie sind gekennzeichnet durch überhebliche Geschwätzigkeit. Das führt im Ergebnis dazu, dass man alles und nichts aus diesen Werken herauslesen kann.

Die *Philosophie der Freiheit* ist in diesem Sinne eben keine Philosophie, sondern weit davon entfernt, ein konsistenter, logisch-widerspruchsfreier philosophischer Gesamtentwurf zu sein. Gleichwohl wird die *Philosophie der Freiheit* von anthroposophischer Seite vor allem dann gerne zitiert, wenn man sich an ein nicht-anthroposophisches Publikum richtet, um z. B. rassistische Aussagen Steiners zu relativieren. Man sollte dabei im Hinterkopf behalten, dass dieses Buch vor Steiners Wandel zum Esoteriker entstand und daher weniger verstörend klingt, als spätere Werke, aber nach Steiners eigener Einschätzung nicht im Widerspruch zu seinen esoterischen Vorträgen und Schriften steht. Insofern ist das Frühwerk Steiners zur Relativierung späterer rassistischer Ausfälle wenig geeignet.

Auf den „Philosophen" Steiner können die Waldorfschulen letztlich mangels einer Philosophie jenseits von Esoterik und hohler Freiheitsrhetorik nicht bauen. Dass sie es dennoch tun, ist Teil der anthroposophischen Strategie, über die eigene Weltanschauung hinwegzutäuschen (vgl. 1.3 Täuschung als Prinzip: Die Drachenformel).

1.3 Täuschung als Prinzip: Die Drachenformel

Bei der Beschäftigung mit der Anthroposophie fällt an vielen Stellen auf, dass Begriffe im anthroposophischen Kontext anders benutzt werden als außerhalb. Dadurch entstehen, gewollt oder ungewollt, Missverständnisse. Ein Beispiel haben wir oben beleuchtet und gesehen, dass die anthroposophische „Geisteswissenschaft" eben keine Wissenschaft, sondern Esoterik ist.

Auf Informationsabenden an Waldorfschulen, bei denen die interessierten Eltern in der Mehrzahl wohl keine Anthroposophen sind, fällt immer wieder auf, dass die Anthroposophie und die Hintergründe der eigenen Pädagogik mit keinem Wort erwähnt werden. Es wirkt, als wollte man die Beweggründe des eigenen Tuns verschleiern, indem man Nebelkerzen wirft und versucht, die eigene Lehre so zu kommunizieren, dass es eine breitere Masse anspricht. Man spricht lieber von einer „ganzheitlichen" Sicht auf das Kind als von Schicksal, Karma und Temperament. Ähnlich verhält es sich, wenn anthroposophische Mediziner von den Entwicklungschancen sprechen, die angeblich in der Masernerkrankung liegen (vgl. Behauptung: Masern und andere Kinderkrankheiten bieten Entwicklungschancen und verlaufen bei Kindern meist harmlos).

Stellt man sich die Frage, ob dieses Vorgehen Zufall sein kann, gelangt man zu einer interessanten biografischen Episode. Steiner, der im Allgemeinen wenig über die Quellen seiner okkulten Weltanschauung preisgab, will eine Art Einführungskurs in die Geheimwissenschaft von einer nebulösen Gestalt erhalten haben. Ein nicht näher beschriebener Meister des Okkulten und östlicher Geheimlehren soll Steiner in nicht näher bestimmter Form eingewiesen haben. Ein „geheimer Geheimlehrer" (Prange) auf geheimer Mission. Dieser rätselhafte Meister soll Steiner nun einen Ratschlag mit auf den Weg gegeben haben, um seine Lebens- und Erkenntnisprobleme zu lösen, die Prange als „Drachenformel" bezeichnet:

„Wie sollte er den Drachen der modernen Naturwissenschaften zähmen und ihn vor das Gefährt der Geist-Erkenntnis spannen? Vor allem, wie sollte er den Stier der öffentlichen Meinung besiegen? Auf diese Fragen seines Schülers antwortete der 'Meister' dem Sinne nach: Wenn du den Feind besiegen willst, so beginne damit, dass Du ihn zuerst begreifst. Du wirst nur dann Sieger über den Drachen sein, wenn Du in seine Haut schlüpfst."[21]

Doch würde es etwas zu weit führen, daraus eine allgemeine Handlungsanweisung abzuleiten. Vielmehr wollte Steiner mit dieser Episode den großen biografischen Bruch in seinem Leben um 1900 kaschieren. Denn vor seinem Wandel zum Esoteriker und Guru bezog er atheistische und materialistische Positionen, was er nun als Teil einer größeren Strategie verklärte. Aufschlussreicher ist vielleicht die Ansprache, die Rudolf Steiner am Vorabend des Schulungskurses für die Lehrer der ersten Waldorfschule hielt. Dort sagt Steiner:

„Die Waldorfschule wird ein praktischer Beweis sein für die Durchschlagskraft der anthroposophischen Weltorientierung. Sie wird eine Einheitsschule sein in dem Sinne, dass sie lediglich darauf Rücksicht nimmt, so zu erziehen und zu unterrichten, wie es der Mensch, wie es die menschliche Gesamtwesenheit erfordert. Alles müssen wir in den Dienst dieses Zieles stellen. Aber wir haben es nötig, Kompromisse zu schließen. Kompromisse sind notwendig, denn wir sind noch nicht so weit, um eine wirklich freie Tat zu vollbringen. Schlechte Lehrziele, schlechte Abschlussziele werden uns vom Staat vorgeschrieben. Diese Ziele sind die denkbar schlechtesten, und man wird sich das denkbar Höchste auf sie einbilden. (…) zwei widersprechende Kräfte sind dabei in Einklang zu bringen. Auf der einen Seite müssen wir wissen, was unsere Ideale sind, und müssen doch noch die Schmiegsamkeit haben, uns anzupassen an das, was weit abstehen wird von unseren Idealen. Wie diese zwei Kräfte in Einklang zu bringen sind, das wird schwierig sein für jeden einzelnen von Ihnen. Das wird nur zu erreichen sein, wenn jeder seine volle Persönlichkeit einsetzt." (GA 293, S. 13 f.)

Zu den Kompromissen gehört dann auch, dass die Waldorfschule keine Weltanschauungsschule sein soll und Anthroposophie nicht gelehrt werden soll (vgl. 2.4 Waldorfschulen und Anthroposophie). „Auf den Lehrinhalt der Anthroposophie wird es viel weniger ankommen als auf die praktische Handhabung dessen, was in pädagogischer Richtung im allgemeinen und im speziell Methodischen im besonderen aus Anthroposophie werden kann, wie Anthroposophie in Handhabung des Unterrichts übergehen kann." (GA 293, S. 15)

Steiner fordert also die Lehrer auf, sich schmiegsam anzupassen an das, was den eigenen Idealen entgegensteht, um keinen Widerstand zu provozieren. Gleichzeitig sollen sie ihre ganze Persönlichkeit einsetzen, um den Unterricht zur angewandten Anthroposophie zu machen.

Die Schmiegsamkeit, die Steiner einfordert, zeigt er mitunter auch selbst. Er mimt den exakten Wissenschaftler, der sich berufen fühlt, sich als (vermeintlicher) Kenner über nahezu jedes Thema von Philosophie über Kunst, Musik, Medizin, Physik, Geschichte, Theologie und Pädagogik zu äußern. Richtet er sich an Außenstehende, bleibt er meist nebulös und unkonkret und spart sich die verstörenden Details seiner geheimen Geisterseherei für einen engeren Kreis von Anhängern auf.

Wenn man auf Infoabenden an Waldorfschulen zentrale Elemente der eigenen Weltanschauung nicht anspricht, so hat das also durchaus System. Und auch anthroposophische Mediziner geben unbedarften Patienten nicht unbedingt zu erkennen, dass in ihre Diagnosen anthroposophische Konzepte wie Reinkarnation und Karma einfließen.

1.4 Das anthroposophische Menschenbild

●●● Behauptung: Das anthroposophische Menschenbild liefert einen ganzheitlichen Blick auf den Menschen. ●●●

Der Begriff der „Ganzheitlichkeit" ist, insbesondere im Kontext der sogenannten „Alternativmedizin", aber auch in pädagogischen Zusammenhängen, ein gerne verwendeter Kampfbegriff. Ganzheitlichkeit meint eine vollständige Betrachtung einer Sache, die sämtliche Aspekte, Eigenschaften und Beziehungen untereinander berücksichtigt. Wer für sich und seine Methoden „Ganzheitlichkeit" beansprucht, unterstellt implizit anderen, wie z. B. der evidenzbasierten Medizin, eine beschränkte und verengte Sichtweise.

Das anthroposophische Menschenbild ist angeblich ganzheitlich, weil es auf der „kosmologischen Anschauung" des Menschen fußt. Aber was ist damit gemeint?

1.4.1 Karma

Zur Anthroposophie gehört die Vorstellung von Reinkarnation und Karma. Das Karma eines jeden Menschen ist durch vorhergegangene Inkarnationen positiv oder negativ geprägt. Im Hinduismus und Buddhismus ist Karma das Prinzip von Ursache und Wirkung, das uns alle im Kreislauf der Wiedergeburten gefangen hält. Alle physischen und geistigen Handlungen führen zu gutem oder schlechtem Karma. Der Ausstieg aus dem ewigen Kreislauf der Wiedergeburten ist das höchste Ziel, das man durch die Überwindung des Ichs, z. B. durch Selbstlosigkeit oder die Aufgabe egoistischer Motive, zu erreichen sucht. Im Gegensatz dazu glauben Anthroposophen, über das Karma an der kosmischen Evolution der Menschheit mitzuarbeiten. Entwickelt man seinen Lebensweg entlang seines karmischen Schicksals, so führt dies zur Höherentwicklung in zukünftigen Reinkarnationen. Führt man sein Leben im Widerspruch zu seiner karmischen Bestimmung, kann dies zu psychischen oder physischen Störungen im gegenwärtigen und in zukünftigen Leben führen. Krankheiten oder Behinderungen lassen sich umgekehrt aus der Perspektive der anthroposophischen Menschenerkenntnis karmisch aus Verfehlungen in früheren Leben erklären. So spekuliert Steiner über die karmischen Ursachen des schlechten Gesundheitszustands Friedrich Schillers:

„Was liegt karmisch bei einem Menschen aus früheren Erdenleben vor, der in dieser Weise an Krämpfen leiden muß? – Krämpfe sind, wenn sie ins menschliche Leben eingreifen, ungemein hinweisend auf das menschliche Karma. Wenn man vom geisteswissenschaftlichen Standpunkte aus mit ernster, verantwortlicher wissenschaftlicher Untersuchung an Krampferscheinungen herangeht, so findet man immer, da liegt beim Menschen ein bestimmtes Karma vor, Ergebnisse von Taten, Gedanken und Gefühlen früherer Erdenleben."[22]

Nicht etwa eine der zahlreichen schweren Erkrankungen Schillers, wie Tuberkulose oder eine nicht auskurierte Rippenfellentzündung, sind demnach für das Leiden des Dichters verantwortlich, sondern negatives Karma, das Steiner auch über hundert Jahre nach Schillers Tod noch diagnostizieren zu können vorgibt.

Lungenentzündungen sind eine Folge eines ausschweifenden Lebensstils im Vorleben, kritische und neidische Menschen werden im nächsten Leben mit einem „schwachen Leib" gestraft.[23] Doch nicht nur Krankheit ist karmisch vorherbestimmt, sondern auch Behinderung. Lügen im vorherigen Leben führen zu geistiger Behinderung im nächsten. „Jetzt *kann* der Mensch die Wahrheit nicht mehr richtig erfassen, er wird schwachsinnig", ist in der Waldorf-Zeitschrift *Erziehungskunst* zu lesen. Dabei handele es sich um eine „spirituelle Gesetzmäßigkeit", die Steiner entdeckt habe.[24]

Eine ebenso logische wie zynische Konsequenz dieses Glaubens an karmische Disposition von Krankheit und Behinderung ist, dass sich Menschen die Geburt in den Elendsregionen der Welt selbst aussuchen, um Defizite aus vorherigen Inkarnationen auszugleichen. Menschen mit schwachem Ich-Gefühl, so glaubte Steiner, würden sich Gegenden, in denen die Cholera auftritt, für ihr nächstes Leben auswählen. „Der Betreffende wird hinstreben zu einer solchen Inkarnation, welche gerade die derbsten Widerstände seinem Selbstgefühl entgegensetzt, so daß er es nötig hat, sein Selbstgefühl im höchsten Maße anzuspannen. Dadurch wird er wie magnetisch hingezogen werden zu solchen Gegenden und solchen Gelegenheiten, wo sich ihm tiefere Hindernisse entgegenstellen." (GA 120, S. 81)

Überhaupt wählt sich jedes Kind seine Eltern selbst aus. Genauer jede Individualität aus dem Weltenäther sucht sich ein Elternpaar aus, das einen neuen physischen Leib zeugt, in den sie inkarnieren kann. Für stolze Eltern mag der Gedanke eine gewisse Faszination ausstrahlen, dass man von seinem Kind oder seinen Kindern als Eltern ausgewählt wurde. Spätestens aber, wenn man an Kindesmissbrauch denkt, merkt man, welche Abgründe in dieser Idee schlummern. Kinder, die von ihren Eltern missbraucht werden, hätten sich demnach also ihre Peiniger selbst ausgesucht.

Für die Praxisfelder der Anthroposophie ergibt sich aus der Karmalehre der Auftrag, es dem Menschen zu ermöglichen, sein karmisches Schicksal zu erkennen und zu seiner Erfüllung zu führen, um die evolutionäre Höherentwicklung voranzutreiben. Da die einzige Möglichkeit, Erkenntnisse über das karmische Schicksal zu erhalten, die hellsichtige

Schauung ist, bleiben diese spekulativ – Spökenkiekerei statt belastbarer Erkenntnis.

1.4.2 Planetenentwicklung und Kulturstufen

Wie bereits erwähnt, hängt in der Anthroposophie vermeintlich alles mit allem zusammen. Alles entspringt aus dem alleinen göttlich-geistigen Urgrund. Mensch und Kosmos sind gleichartig. Kosmos, Welt, Natur, Geschichte und Mensch durchlaufen jeweils eine Kette von Entwicklungsstufen, hin (und gleichermaßen zurück) zum Geistigen. Alle diese Evolutionsketten hängen zusammen. Eine große Rolle spielt dabei die Zahl sieben: sieben Weltentwicklungsstufen, sieben Wurzelrassen, sieben Kulturepochen, sieben Bewusstseinszustände, sieben „Wesensglieder" usw.

Der Mensch vollzieht im Kleinen die Entwicklung, die der Kosmos im Großen vollzieht. Durch die Verschränkung der Entwicklungen ergeben sich aus der kosmischen Entwicklung direkt Konsequenzen für die menschliche Entwicklung.

„Geradeso wie der Mensch Verkörperung nach Verkörperung durchmacht, Metamorphose nach Metamorphose, so machen alle Wesen der Welt Verkörperungen und Wiederverkörperungen durch, vom kleinsten bis zum größten, und auch ein solches Wesen, wie unsere Erde selber ist, also ein planetarisches Wesen, macht Wiederverkörperungen durch. Unsere Erde war nicht etwa schon als Erde entstanden, sondern ihr ging voran ein anderer Zustand." (GA 110, S. 48)

Insgesamt hat unsere gegenwärtige Erde laut Steiner bereits drei vorangegangene Inkarnationen oder Verkörperungen durchlaufen: alter Saturn, alte Sonne und alter Mond. Die heutigen Himmelskörper sind Überbleibsel dieser alten planetarischen Verkörperungen:

„Darüber ist ja gerade in unseren Kreisen immer besonders viel gesprochen worden, daß ebenso wie der Mensch in diesem Dasein die Wiederverkörperung eines vorherge-

40

henden Lebens ist, auch die Erde eine Wiederverkörperung eines alten Planeten darstellt, der ihr vorangegangen ist. Wir bezeichnen als diesen vorangegangenen Planeten den Mond und meinen damit nicht den heutigen Mond, der nur ein Stück, ein Rest ist vom alten Mond, sondern einen vorhergehenden Zustand unserer Erde, der einmal da war und ebenso durch ein geistiges Leben hindurchgegangen ist, das man gewöhnlich Pralaya nennt, wie der Mensch nach dem Tode durch einen geistigen Zustand durchgeht. Dieser Mondplanet ist wiedergeboren worden, wie der Mensch wiedergeboren wird. Was wir aber so als den planetarischen Zustand des Mondes bezeichnet haben, das ist wiederum nur die Verkörperung eines vorhergehenden planetarischen Zustandes, den wir als Sonne bezeichnen. Diese, also nicht die heutige Sonne, sondern ein ganz anderes Wesen, diese Sonne ist die Wiederverkörperung des letzten Planeten, auf den wir zunächst zurückzuschauen haben, wenn wir von den Verkörperungen unserer Erde sprechen, des uralten Saturn. So haben wir also vier aufeinanderfolgende Verkörperungen: den Saturn, die Sonne, den Mond, die Erde." (ebenda)

Innerhalb Steiners Kosmologie von sieben Planetenstufen sind wir gegenwärtig also auf der vierten, der „Erdenstufe" angelangt. Diese Erdenstufe unterteilt Steiner wiederum in sieben „Wurzelrassen" oder Epochen (vgl. GA 11, S. 32 ff.):

I. polarische
II. hyperboräische
III. lemurische
IV. atlantische
V. arische
VI. sechste künftige Epoche
VII. siebte künftige Epoche

Steiner sieht die Menschheit gegenwärtig in der fünften „arischen" Epoche, die er wiederum in sieben „Kulturepochen" unterteilt:[25]

1. Urindische Kultur (7227–5067 v.Chr.)
2. Urpersische Kultur (5067–2907 v.Chr.)
3. Ägyptisch-Chaldäische Kultur (2907–747 v.Chr.)
4. Griechisch-Lateinische Kultur (747 v.Chr.–1413 n.Chr.)
5. Germanisch-Angelsächsische Kulturepoche (1413–3573 n.Chr.)
6. Slawische Kulturepoche (3573–5733 n.Chr.)
7. Amerikanische Kulturepoche (5733–7893 n.Chr.)

Gegenwärtig befinden wir uns also in der fünften, der Germanisch-Angelsächsischen Kulturepoche. Auffällig ist der streng lineare Geschichtsverlauf, der hier gezeichnet wird, sowie der Eurozentrismus. Steiners fiktive Geschichtserzählung enthält überdies abstruse rassistische Vorstellungen, die in Kapitel 1.7 ausführlich betrachtet werden.

1.4.3 Hüllenanthropologie

Auch in der anthroposophischen Anthropologie, auch als Hüllenanthropologie bekannt, gibt Steiner eine siebenstufige Einteilung. So wird der Mensch in sieben Wesensglieder eingeteilt, die auch zukünftige, immer stärker immatriell-geistige Entwicklungsstufen umfassen. So wie die Erde erst auf der vierten Entwicklungsstufe angekommen ist, sind auch beim Menschen erst die ersten vier Wesensglieder entwickelt:

1. Physischer Leib
2. Ätherleib
3. Astralleib
4. Ich
5. Geistselbst
6. Lebensgeist
7. Geistesmensch

Mit dem Begriff „Leib" meint Steiner nicht (nur) den physischen Körper, sondern auch geistig-seelische Wesensglieder.

„Mit 'Leib' soll bezeichnet werden, was einem Wesen von irgendeiner Art 'Gestalt', 'Form' gibt. Man sollte den Ausdruck 'Leib' nicht mit sinnlicher Körperform verwechseln. In dem in dieser Schrift gemeinten Sinne kann die Bezeichnung 'Leib' auch für das gebraucht werden, was sich als Seelisches und Geistiges gestaltet." (GA 9, S. 38 f.)

Die ersten drei Wesensglieder haben sich bereits auf den der Erde vorangegangenen Weltentwicklungsstufen ausgebildet. Der Mensch entwickelt das vierte Wesensglied „Ich" aktuell innerhalb der Erdentwicklung:

„Wir haben die Menschheitsentwickelung verfolgt durch die Saturn-, Sonnen- und Mondentwickelung hindurch und stehen jetzt innerhalb der Erdenentwickelung. Wir wissen, daß diese drei Stadien der Menschheitsentwickelung der Ausbildung des physischen Leibes, des Ätherleibes und des Astralleibes des Menschen entsprechen und daß wir jetzt innerhalb der Erdenentwickelung stehen, die da bedeutet die Ausbildung des menschlichen Ich, soweit eben dieses Ich als ein Glied der menschlichen Wesenheit ausgebildet werden soll. Von den verschiedensten Gesichtspunkten aus haben wir diesen Menschen als ein Ich charakterisiert, das von drei Hüllen umschlossen ist: von der astralischen Hülle, entsprechend der Mondentwickelung, von der ätherischen Hülle, entsprechend der Sonnenentwickelung, und von der physischen Hülle, entsprechend der Saturnentwickelung." (GA 124, S. 91 f.)

Da auch der Mensch in seiner persönlichen Entwicklung die Entwicklung der Menschheit nachvollzieht, sind die vier Wesensglieder Physischer Leib, Ätherleib, Astralleib und Ich nicht von Geburt an ausgebildet, sondern sie entwickeln sich nacheinander in einem Siebenjahresrhythmus. Aus dieser Vorstellung, für die es keinerlei wissenschaftliche Belege gibt, leitet Steiner eine esoterische Entwicklungspsychologie mit weitreichende Konsequenzen für die Waldorfpädagogik ab, auf die später noch eingegangen werden soll (vgl. Behauptung: Die Methoden der Waldorfschule sind an Erkenntnisse zur Kindesentwicklung angelehnt, die wissenschaftlich begründbar sind, S. 90).

Ein Mensch ist bei seiner Geburt also ein unvollständiges, defizitäres Wesen. Er besitzt zunächst nur den „physischen Leib". Während seiner ersten sieben Lebensjahre wirken die Kräfte der Sonne und bilden den Ätherleib aus, zwischen dem 7. und 14. Lebensjahr kommen die Kräfte des Mondes dazu, die den Astralleib ausbilden, und bis zum 21. Lebensjahr bilden die übrigen Planeten das Ich. Die weiteren Wesensglieder sind nur mit dem höheren Geistesauge als farbig schimmernde Hüllen um den physischen Leib herum sichtbar. Der physische Leib bildet die „Raumgestalt" und ist als einziger den Gesetzen von Physik und Chemie unterworfen. Der Ätherleib ist für die Lebensorganisation zuständig und trägt die Lebenskraft. Er ist eng mit dem physischen Leib verbunden und bearbeitet und bewahrt diesen durch Lebenstätigkeiten, wie Reproduktion oder Vererbung. Ist der Mensch ausgewachsen, wird der Ätherleib frei für die Denktätigkeit. Mit dem Astralleib, dem Steiner die Seelenorganisation zuschreibt, kommt das Bewusstsein hinzu. Der Ich-Leib, der sich im vierten Jahrsiebt ab dem 21. Lebensjahr bildet, ist schließlich der geistig-seelische Wesenskern des Menschen.

„Wir müssen uns klar sein, daß wir zunächst in uns haben den geistig-seelischen Wesenskern, den wir zusammenfassen in seinem Mittelpunkt, wenn wir 'Ich' oder 'Ich bin' sagen. Dieser geistig-seelische Wesenskern ist eingebettet in den Astral-, Äther- und physischen Leib. So wie der Mensch jetzt in der Welt lebt, leben wir eigentlich, wenn wir innerlich leben, in unserem Ich; denn alle Seelentätigkeiten sind bei dem wachen Menschen mit dem Ich in irgendeiner Weise verknüpft, erscheinen gleichsam alle auf dem Hintergrunde des Ich." (GA 143, S. 49 f.)

Durch den Ätherleib unterscheidet sich tote Materie von Lebewesen. Alle Pflanzen, Tiere, Menschen, usw. haben einen Ätherleib. Ein Astralleib ist Menschen und Tieren mit einem Bewusstsein vorbehalten. Mensch und Tier unterscheiden sich durch den Ich-Leib, den nur Menschen entwickeln.

Naturreich	Wesensglied	Weltentwicklungsstufen
Mineralreich	physischer Leib	alter Saturn
Pflanzenreich	Ätherleib	alte Sonne
Tierreich	Astralleib	alter Mond
Menschenreich	Ich-Leib	Erde

1.4.4 Die funktionelle Dreigliedrigkeit des Menschen

Neben der vierstufigen theosophischen Hüllenanthropologie postuliert Rudolf Steiner eine funktionelle Dreigliedrigkeit des Menschen, nach den seelischen Grundfunktionen: Denken, Fühlen und Wollen. Das Denken bezeichnet Steiner auch als oberen Pol, den er hauptsächlich in der Kopfregion ansiedelt. Ihm gegenüber steht der untere Stoffwechsel-Gliedmaßen-Pol, den er mit dem Wollen assoziiert. In der Herzensmitte zwischen beiden ist das Fühlen angesiedelt, das mit dem rhythmischen Kreislauf- und Atmungssystem für den Ausgleich zwischen den Polen sorgt. Steiner konstruiert um die drei Funktionskreise umfangreiche spekulative Zusammenhänge. Denken und Wollen sind eng miteinander verknüpft. Das Denken neigt laut Steiner zur Antipathie, das Wollen zur Sympathie. Es gilt, die Funktionskreise auszugleichen, sodass das System im Gleichgewicht bleibt.

„Im Erkennen, im Vorstellen lebt eigentlich Antipathie. So sonderbar es ist, alles, was nach dem Vorstellen hinneigt, ist durchdrungen von Antipathie. Sie werden sich sagen: Ja, wenn ich etwas anschaue, so übe ich in diesem Anschauen doch nicht Antipathie aus! – Doch, Sie üben sie aus! Sie üben Antipathie aus, indem Sie einen Gegenstand ansehen. Würde in Ihrem Auge nur Nerventätigkeit sein, so würde Ihnen jeder Gegenstand, den Sie mit Ihren Augen ansehen, zum Ekel sein, er wäre Ihnen antipathisch. Nur dadurch, daß sich in die Augentätigkeit hinein auch die Willenstätigkeit ergießt, die in Sympathie besteht, dadurch daß sich leiblich in Ihr Auge hineinerstreckt das Blutmäßige, nur dadurch wird für Ihr Bewußtsein die Empfindung der Antipathie im sinnlichen Anschauen ausgelöscht, und es wird durch einen Ausgleich zwischen Sympathie und Antipathie der objektive, gleichgültige Akt des Sehens hervorgerufen. Er wird da hervorgerufen, indem Sympathie und Antipathie sich ins Gleichgewicht stellen und uns dieses Ineinanderspielen von Sympathie und Antipathie gar nicht bewußt wird." (GA 293, S. 72)

Durch die funktionelle Dreigliedrigkeit lässt sich die vierstufige Entwicklung des Menschen nach der Hüllenanthropologie weiter ausdifferenzieren. Sie spielt in den Praxisfeldern, vor allem der anthroposophischen Medizin, eine gewichtige Rolle und kommt auch in der Waldorfpädagogik zum Tragen. Steiner verknüpft die Dreigliedrigkeit des Menschen auch mit der Dreigliederung des Sozialen Organismus (vgl. 1.5 Dreigliederung des sozialen Organismus).

1.4.5 Temperamente

Auch die menschlichen Charaktereigenschaften erfahren durch Steiner eine grobe Kategorisierung: In Anlehnung an die rund 2500 Jahre alte Viersäftelehre (Humoralpathologie) des Hippokrates definiert Steiner vier Charakter-Grundtypen, die sogenannten Temperamente, die er später auch in sein pädagogisches Konzept integriert. Die vier Temperamente – Choleriker, Melancholiker, Phlegmatiker und Sanguiniker – hängen eng mit den Wesensgliedern des Menschen zusammen. Jeder Mensch, so glaubt Steiner, hat ein dominierendes Temperament und nachgeordnete Anteile der anderen Temperamente. Das dominierende Temperament kommt dadurch zu Stande, dass ein Wesensglied die anderen Wesensglieder dominiert, wobei jedem Temperament bestimmte Charaktereigenschaften zugeordnet werden. Demnach ist der Choleriker leicht reizbar und nach Steiner vom Ich-Leib beherrscht.

Dadurch ist der Choleriker sehr selbstbewusst.[26] Steiner dazu weiter: „Die Säuglinge mit ihrem Zappeln – gerade wenn sie gesund sind, so zappeln sie viel – sind alle cholerisch. Das cholerische Kind aber behält etwas zurück vom Toben und Wüten des ganz kleinen Kindes. Dadurch lebt in dem cholerischen Kinde, dem acht-, neunjährigen Knaben oder Mädchen, drinnen immer noch der kleine Säugling weiter. Dadurch ist dieses Kind cholerisch, und man muss versuchen, dieses cholerische Kind dadurch zu behandeln, dass man das 'kleine Kind', das darinnen ist, allmählich zur Ablähmung bringt." (GA 305, S. 121)

Die Temperamentenlehre geht zwar auf das Altertum zurück, vermutlich übernahm Steiner diese Lehre aber aus seinem unmittelbaren zeitlichen Umfeld. In der Pädagogik und in der Psychologie gilt die sehr starre Temperamentenlehre im Grunde schon seit ihrer Formulierung durch Steiner als überholt.[27]

Fazit

Was die Anthroposophie mit ihren Praxisfeldern als ganzheitlichen Blick auf den Menschen anpreist, entpuppt sich bei näherem Hinsehen als das genaue Gegenteil. Weder Karmalehre noch Kulturstufen, Hüllenanthropologie, Dreigliedrigkeit oder Temperamentenlehre halten einem kritischen Blick stand. Sie erzeugen durch die Vorstellung einer stetig voranschreitenden Höherentwicklung, von einem aufgeklärten Standpunkt aus betrachtet, mehr Probleme als sie lösen. An vielen Stellen offenbaren sich sozialdarwinistische Sichtweisen, von denen sich die Anthroposophie bis heute nicht zu lösen vermag. Die Lehre von den Kulturstufen, die durch die Erkenntnisse wissenschaftlicher Disziplinen wie der Geologie, Archäologie, Biologie oder Psychologie als widerlegt betrachtet werden kann, beschreibt die Evolution der menschlichen Kulturen, die jeder einzelne Mensch in seiner Entwicklung nachvollzieht. Durch und durch eurozentrisch angelegt, findet diese Entwicklung in der Kultur der weißen Europäer ihren vorläufigen Höhepunkt.

Durch die Karmalehre werden die Ursachen für die gesundheitliche Konstitution, Physiognomie und charakterlichen Eigenschaften eines Menschen auf Wohl- oder Fehlverhalten in vorherigen Inkarnationen verschoben, was nicht selten mit der Zuschreibung von Schuld verbunden ist. Ein Mensch mit Behinderung hat (z. B. durch zu viele Lügen) in vorigen Leben „seinen Rucksack schwer gemacht".[28] Die anthroposophische „Behandlung" muss daher auf der anderen Seite nicht unbedingt auf das diesseitige Dasein zielen, um z. B. einem Menschen mit Behinderung zur größtmöglichen Selbstständigkeit und gesellschaftlicher Teilhabe zu verhelfen. Sie kann auch bedeuten, so am Karma eines Menschen zu arbeiten, dass er in zukünftigen Reinkarnationen diese nicht mehr zu erleiden hat. Selbst Elendsregionen auf der Welt erfüllen so einen karmischen Zweck, der im krassesten Widerspruch zur Freiheitsrhetorik steht, die Anthroposophen bemühen.

Die Hüllenanthropologie und die Temperamentenlehre sind im Vergleich zu wissenschaftlichen Entwicklungskonzepten eindeutig komplexitätsreduzierend angelegt. Anstatt den Menschen tatsächlich ganzheitlich (also sämtliche Aspekte, Eigenschaften und Beziehungen untereinander berücksichtigend) zu betrachten, erfolgt eine vereinfachende, grobe Einteilung in wenige Kategorien. Der anthroposophische Pädagoge kann so beispielsweise, je nach Lebensalter und erkanntem Temperament der betreffenden Kinder, einige wenige Kategorien-Schubladen aufziehen und findet für diese Kategorien vorgesehene Behandlungen vor. Was Anthroposophen unter individueller, ganzheitlicher Betrachtung des Menschen verstehen, ist aus kritischer Sicht nichts als ihre vermeintlich hellsichtige Projektion. Wer den Menschen durch die Brille der anthroposophischen Esoterik betrachtet, sieht ihn eben nicht wie er ist, sondern so wie Steiner festgelegt hat, dass er zu sein hat.

1.5 Dreigliederung des sozialen Organismus

Bevor wir uns mit den anthroposophischen Praxisfeldern beschäftigen, ist es wichtig, zunächst Steiners Sozialkonzept der Dreigliederung des sozialen Organismus (auch als Soziale Dreigliederung bezeichnet) zu betrachten. Dieses Konzept bildet eine wichtige Grundlage für die Praxisfelder der Anthroposophie, wie Waldorfpädagogik, anthroposophische Medizin oder anthroposophische Landwirtschaft.

Steiner hat seine Theorie der Dreigliederung 1919, nach dem Ende des Ersten Weltkriegs, vorgestellt. Revolutionäre Ideen lagen im besiegten Deutschland in der Luft und Steiner wollte einen dritten Weg zwischen Sozialismus und Kapitalismus vorschlagen. In seinem *Aufruf an das deutsche Volk und an die Kulturwelt!* erläutert Steiner seine Idee für eine neue Gesellschaftsordnung:

„Der soziale Organismus ist gegliedert wie der natürliche. Und wie der natürliche Organismus das Denken durch den Kopf und nicht durch die Lunge besorgen muss, so ist dem sozialen Organismus die Gliederung in Systeme notwendig, von denen keines die Aufgabe des anderen übernehmen kann, jedes aber unter Wahrung seiner Selbständigkeit mit den andern zusammenwirken muss. Das wirtschaftliche Leben kann nur gedeihen, wenn es als selbständiges Glied des sozialen Organismus nach seinen eigenen Kräften und Gesetzen sich ausbildet, und wenn es nicht dadurch Verwirrung in sein Gefüge bringt, dass es sich von einem andern Gliede des sozialen Organismus, dem politisch wirksamen, aufsaugen lässt. […] Denn das politische System muss die Wirtschaft vernichten, wenn es sie übernehmen will; und das wirtschaftliche System verliert seine Lebenskräfte, wenn es politisch werden will. Zu diesen beiden Gliedern des sozialen Organismus muss in voller Selbständigkeit und aus seinen eigenen Lebensmöglichkeiten heraus gebildet ein drittes treten: das der geistigen Produktion, zu dem auch der geistige Anteil der beiden anderen Gebiete gehört, der ihnen von dem mit eigener gesetzmäßiger Regelung und Verwaltung ausgestatteten dritten Gliede überliefert werden muss, der aber nicht von ihnen verwaltet und anders beeinflusst werden kann, als die nebeneinander bestehenden Gliedorganismen eines natürlichen Gesamtorganismus sich gegenseitig beeinflussen." (GA 23, S. 160 f.)

Auch hier findet sich die Idee, dass sich Großes im Kleinen widerspiegelt und umgekehrt. Steiner verknüpft die Dreigliederung mit der funktionellen Dreigliedrigkeit des Menschen (vgl. 1.4.4 Die funktionelle Dreigliedrigkeit des Menschen).

Steiner unterscheidet drei Sphären, die den seelischen Grundfunktionen Denken, Fühlen und Wollen entsprechen sollen:

– Wirtschaftsleben (Fühlen)
– öffentliches Recht / Politik (Wollen) und
– geistiges Leben (Denken)

Es soll kein oben und unten von „Klassen" oder „Ständen" mehr geben, sondern ein Nebeneinander der drei Bereiche. Diese Bereiche lehnt er an die Vorstellung einer Dreigliedrigkeit des Menschen an. Der Mensch werde „mit seinem Leben in jedem der drei Glieder wurzeln" (GA 23, S. 140). Der Staat ist nach Steiner eine Art lebendiger Organismus, dessen drei Glieder denen des Menschen entsprechen.

„Das Rechtswesen entspreche dem physischen Leib, welcher im Tode wieder zu Materie zerfalle. Die wirtschaftliche Sphäre entspreche dem Seelenleben des Menschen; seine brüderlich-solidarischen Impulse können ihn über die Schwelle des Todes als Sympathien mit in die übersinnliche Existenz hinein begleiten. Der kulturelle Bereich entspreche schließlich der geistigen Ich-Wesenheit des Menschen; seine Errungenschaften gelangen mit ihr in die nächste Reinkarnation."[29]

Die Trennung der drei gesellschaftlichen Sphären hielt Steiner für ein Lebensgebot. Er meinte, dass man nur so einen gesunden sozialen Organismus erhalten könne. Die Vorstellung von Gesundheit und Krankheit wird auf politische Positionen übertragen. Die eigenen Standpunkte werden als gesund angesehen, abgelehnte Positionen werden zum „Geschwür" erklärt und mit „Krebsbildung" assoziiert. Ein Konzept, das sich in den Praxisfeldern der Anthroposophie wiederfindet, aber mit Blick auf die Regelung von Konflikten äußerst problematisch ist, denn es steht der Meinungsvielfalt und offener Meinungsäußerung entgegen. Ein Krebsgeschwür muss man entfernen, nicht tolerieren. Ohnehin wohnt der Vorstellung eines Staatsorganismus ein stark autoritäres Element inne, denn in einem Organismus muss sich jedes einzelne Teil dem großen Ganzen unterordnen. Pluralität wird nur in engen Grenzen zugelassen.

Steiner ordnete die Losung der Französischen Revolution „Freiheit, Gleichheit, Brüderlichkeit" den drei Sphären zu. Das geistige, kulturelle Leben sollte sich nach dem Grundsatz der individuellen Freiheit entfalten, das politische Leben nach dem der Gleichheit und das Wirtschaftsleben sollte nach dem Prinzip der (sozialistischen) Brüderlichkeit ausgestaltet werden. Für das Wirtschaftsleben schlug Steiner eine Art genossenschaftlicher Organisation vor, bei der Produzenten und Konsumenten gemeinsam über die Fragen von Preisbildung, Lohn, Produktion oder Distribution entscheiden. Die Befugnisse des Staates, der Parteien und Gewerkschaften würden stark eingeschränkt.

Der Staat sollte sich im Rechtsleben auf sein „eigentliches Gebiet" beschränken, was Steiner in der Gesetzgebung und im Schutz der Bürger sah. Im kulturellen Bereich des geistigen Lebens sollte staatliche Regulation durch freiheitliche Selbstverwaltung in Form von freien Trägern ersetzt werden. Ein Konzept, dem die Waldorfschulen bis heute folgen.

Die Eigenständigkeit der drei Sphären, die Steiner als Grundbedingung für einen gesunden Organismus ansieht, wird stark zurückgenommen durch eine Art Geistesaristokratie, in der demokratische Verfahrensregeln nur sehr eingeschränkt möglich sind. Mit Geistesaristokratie ist die Autorität des Geisteslebens gemeint. Die politische Debatte sollte von einer kleinen Elite „Eingeweihter" bestimmt werden, die ihre „objektiven", durch Hellsicht gewonnenen Erkenntnisse einbringen.

„Es ist ja heute so, daß dasjenige, was sozial fruchtbar ist an Ideen, eigentlich nur gefunden werden kann von den wenigen Menschen, welche sich gewisser spiritueller Fähigkeiten bedienen können, die die überwiegende Mehrzahl der Menschen heute nicht gebrauchen will." (GA 185a, S. 200 f.)

Dass sich so gewonnene höhere Einsicht nicht unter ein demokratisches Mehrheitsprinzip unterordnen kann, stand für Steiner außer Frage:

„In der heutigen demokratienärrischen Zeit – wollte sagen: demokratiesüchtigen Zeit – wird man selbstverständlich eine solche rein verstandesmäßig zutage geförderte Idee, die keine ist, für demokratisch gleichwertig halten mit dem, was der Initiierte aus der geistigen Welt herausholt und was wirklich fruchtbar sein kann. Aber würde diese demokratiesüchtige Ansicht oder Empfindung den Sieg davontragen, so würden wir in verhältnismäßig kurzer Zeit eine soziale Unmöglichkeit, ein soziales Chaos im wüstesten Sinn erleben." (ebenda, S. 201)

Die politisch revolutionäre Dreigliederungsbewegung scheiterte schon im Jahr 1919. Kurz darauf war Steiner maßgeblich an der Gründung der ersten Waldorfschule beteiligt, deren Struktur durch die Dreigliederung geprägt ist (vgl. Behauptung: Waldorfschulen sind als „Freie Schulen" demokratisch organisiert, S. 74).

1.6 Anthroposophie als Weltanschauung

●●● **Behauptung:** Die Anthroposophie ist keine religiöse Weltanschauung. Die heutige Anthroposophie mit ihren Praxisfeldern ist nicht religiös geprägt. ●●●●●●●●●

Wie wir bereits gesehen haben, ist die Anthroposophie keinesfalls eine Wissenschaft, wie sie selbst behauptet. Aber ist sie eine Religion?

In Steiners frühen Schriften, die wir auf ihren philosophischen Gehalt hin untersucht haben, finden wir keinen Aufschluss über diese Frage. Dazu müssen wir uns Steiners Werk nach dem großen Bruch in seinem Leben anschauen. Nachdem ihm eine akademische Karriere verwehrt blieb, wandte sich Steiner der Esoterik zu und wurde ab 1902 Vorsitzender der deutschen Sektion der *Theosophischen Gesellschaft Adyar*. Die Theosophie behauptet, eine Weltanschauung zu sein, die den wahren Kern aller Religionen in sich vereint. Die deutsche Sektion, der Steiner vorstand, war stark durch buddhistische und hinduistische Vorstellungen beeinflusst. Die Theosophie mischte Steiner später mit seinen ganz eigenen abstrusen Interpretationen christlicher Vorstellungen und Begriffe. In der Anthroposophie finden sich so Anteile der unterschiedlichsten Religionen.

Die Anthroposophie behauptet die Existenz einer übersinnlichen, geistigen Welt. Diese sei genauso real und sogar bedeutsamer als die materiell existierende Welt. Durch die weiter oben beschriebene kosmische Evolution schreitet der Kosmos im Großen und der Mensch als sein Abbild im Kleinen ausgehend von einem göttlich-geistigen Urgrund durch Reinkarnation über sieben Evolutionsstufen hin zur Wiedervollendung im vollständig Geistigen.

In der Tradition gnostischer Bewegungen sieht man zwei gegensätzliche Prinzipien am Werk: Das gute göttliche Prinzip auf der einen Seite im ständigen Kampf mit dem bösen Prinzip, der Materie, auf der anderen Seite. Anthroposophen sehen in zahlreichen Engeln, Erzengeln, Geistern und Dämonen die Pro- bzw. Antagonisten dieses Kampfes. Schlechtes Karma behindert den Aufstieg und die Entwicklung hin zum Geistigen. In Luzifer (lat. „der Lichtbringer"), nicht mit dem gefallenen Engel aus der Bibel zu verwechseln, sehen Anthroposophen die Kräfte des Bewegten und sich Auflösenden am Werk. Er offenbart sich im Hang des Menschen, sich in Abstraktionen und Illusionen zu verlieren. Auf der Seite des Bösen steht ihm das dämonische Geistwesen Ahriman, der „Fürst der Finsternis", zur Seite. Durch sein Wirken, mit kalter durchdringender Intelligenz, will er den Menschen den Zugang zur geistigen Welt verunmöglichen.

„Im Erdenleben führt die Gewalt Ahrimans dazu, das sinnlich-physische Dasein als das einzige anzusehen und sich dadurch jeden Ausblick auf eine geistige Welt zu versperren. In der geistigen Welt bringt diese Gewalt den Menschen zur völligen Vereinsamung, zur Hinlenkung aller Interessen nur auf sich. Menschen, welche beim Tode in Ahrimans Gewalt sind, werden als Egoisten wiedergeboren." (GA 13, S. 287)

Im Materialismus sehen Anthroposophen ahrimanische Kräfte am Werk, die die Menschen vom Pfad ihrer Bestimmung hin zur Vergeistigung ablenken. Ihren Ausdruck findet der Materialismus demnach in den modernen Wissenschaften (vor allem den Naturwissenschaften), im säkularen Humanismus oder in der Faszination und Zuwendung zu technischen Entwicklungen.

„Ahriman inspiriert uns, unsere tierische Natur hemmungslos auszuleben, die Bequemlichkeit zu suchen und die technische Entwicklung so zu lenken, dass der Mensch immer mehr zum genüsslichen Zuschauer wird und selbst gar nicht mehr aktiv in die Geschehnisse eingreifen möchte. So zeigt sich Ahrimans Macht in vielen Dingen, die uns heute beherrschen und zwingen und dennoch so stark dem Bewusstsein entzogen sind, dass man es kaum bemerkt. Er wirkt in den Geldflüssen, den Sachzwängen, den technischen Notwendigkeiten."[30]

Als Quelle für das geheime Wissen dient die *Akasha-Chronik*, ein angeblich geistiges Weltengedächtnis, das nicht in gedruckter Form in der dinglich erfahrbaren Welt vorliegt, sondern in der ätherischen Welt. Rudolf Steiner behauptete, darin lesen zu können, und berichtete darüber in seinem für Außenstehende wirren und verstörenden Buch *Aus der Akasha Chronik*. Außer Steiner hat es bislang niemand sonst zustande gebracht, die *Akasha-Chronik* hellsichtig zu schauen.

Steiner entwickelte auch eine eigene Christologie.[31] Der in Jesus verkörperte Christus ist bei Steiner weder historische Person noch Mensch gewordener Gott, sondern ein kosmisches Wesen. Zu Beginn des „hyperboräischen" Zeitalters (vgl. Behauptung: Das anthroposophische Menschenbild liefert einen ganzheitlichen Blick auf den Menschen, S. 37) trennt sich „der" Christus von der Erde, wird zum Sonnenwesen, das die Menschheitsentwicklung (verborgen in den Sonnenstrahlen) begleitet. Als „Christus-Impuls" stärkt er die menschlichen Seelenkräfte und drückt sich schon durch die Weisheiten des Buddha und Zarathustra aus, bevor er schließlich in Jesus auf der Erde inkarniert.

Das „Mysterium von Golghata" wird zum zentralen Ereignis für die Menschheitsgeschichte. Durch die Kreuzigung sickert das Blut von Jesus Christus in die Erde. Das Sonnenwesen Christus wird so mit dem Geist der Erde vereint und das „Ich" kann sich gegen die dämonischen ahrimanischen und luziferischen Kräfte wieder geistig entwickeln.

Diese, hier stark verkürzt wiedergegebene Geschichte, wird auch vom „religiösen Arm" der Anthroposophie, der Christengemeinschaft vertreten. Die Christengemeinschaft wurde 1922 als Kultusgemeinschaft mit Hilfe von Rudolf Steiner gegründet. Sie spendet Sakramente wie Taufe, Trauung, Priesterweihe oder Sterbeölung und nimmt die Beichte ab.

Rudolf Steiner hat zudem zahlreiche Gebete und Sinnsprüche hinterlassen, die in zahlreichen Publikationen (z. B. *Gebete für Mütter und Kinder*) zusammengestellt wurden. In diesem Zusammenhang erscheint es wichtig zu erwähnen, dass die Rezitation von Steiners Gebetssprüchen, wie dem folgenden Morgenspruch, zu den festen Ritualen an Waldorfschulen zählt:

Der Sonne liebes Licht,
Es hellet mir den Tag;
Der Seele Geistesmacht,
Sie gibt den Gliedern Kraft;
Im Sonnen-Lichtes-Glanz
Verehre ich, o Gott,
Die Menschenkraft, die Du
In meine Seele mir
So gütig hast gepflanzt,
Dass ich kann arbeitsam
Und lernbegierig sein.
Von Dir stammt Licht und Kraft,
Zu Dir ström' Lieb' und Dank.

●●● Fazit: Die Anthroposophie trägt alle Merkmale einer Religion.[32] Es gibt mit Rudolf Steiner einen Religionsstifter, der als Religionsverkünder seine geheime und metaphysische Lehre seinen Anhängern mitgeteilt hat. Darin beschreibt er allerlei Übersinnliches in, für Außenstehende, abstrusen und teilweise verstörenden Details. Es gibt Engel und Erzengel, Elementarwesen und Dämonen. Auf der Erde bekämpfen sich gute göttliche und böse luziferische und ahrimanische Kräfte. Das alles eingebettet in eine Erzählung, die die Entstehung und Entwicklung der Welt und der Menschheit erklärt und die (zumindest Anthroposophen) Antworten auf Sinnfragen liefert. Es gibt religiöse Handlungen wie Gebete und es gibt eine institutionelle Ausformung der religiösen Lehre durch die Christengemeinschaft. Es ist somit gerechtfertigt, die Anthroposophie als religiöse Weltanschauung zu bezeichnen. ●●●●●●●●●

1.7 Der Rassismusvorwurf

●●● Behauptung: Rassistische Passagen und Klischees über Völker in Steiners Werk sind zeitbedingte Formulierungen ohne weitere Bedeutung; die Anthroposophie ist humanistisch und „allgemein-menschlich" und deshalb antirassistisch. ●●●●●●●●●●●●●●●●●

Rudolf Steiner versteht seine Esoterik als Botschaft für die ganze Menschheit. Als reinkarnierende Individuen nehmen wir alle am spirituellen Fortschritt der Erde teil, wie ihn Steiner, der Menschheitsführer und Hellseher beschrieben hat. Dabei spielen diverse Völker und „Rassen" eine Rolle, die unterschiedliche „Missionen" haben, aber zum Wohle der Gesamtmenschheit zusammenarbeiten sollen. Steiners Rassen- und Völkertheorie unterscheidet sich insofern beispielsweise von den Herrschafts- und Vernichtungsvorstellungen der Nazis. Am Ende sollen alle „brüderlich" zusammenkommen und die Rassen werden obsolet: „Der" Christus als „Sonnenwesen" spielt dabei die Rolle, alle zusammenzuführen und die übersinnliche Gleichheit der Menschen zu enthüllen. So wird ein neues Zeitalter der „Menschheitsentwickelung" eingeleitet: Denn „in dem Menschen, der den Christusnamen trägt, leben auch die Kräfte des hohen Sonnenwesens, in denen jedes menschliche Ich seinen Urgrund findet. Noch das israelitische Volk fühlte sich als Volk, der Mensch als Glied dieses Volkes. Indem zunächst in dem bloßen Gedanken erfasst wurde, dass in Christus Jesus der Idealmensch lebt, zu dem die Bedingungen der Sonderung nicht dringen, wurde das Christentum das Ideal der umfassenden Brüderlichkeit."[33]

Wer die anthroposophische Vorstellung vom Sonnenchristus nicht teilt, kann sich aber nicht zu dieser „umfassenden Brüderlichkeit" entwickeln. Hier zeigt sich zunächst einmal Steiners radikaler Antisemitismus: Die verstockten Juden verweigern sich dem Fortschritt. Um zu schildern, was passiert, wenn man den „Führer" Christus nicht erkennt, greift Steiner beispielsweise auf die alte christlich-anti-jüdische Legende vom „ewigen Juden" Ahasverus zurück. „Wir wissen ja, daß der Mensch dadurch weiterschreitet in der Bahn der Erdenmission, daß er den großen Führern der Menschheit folgt, die ihr die Ziele anweisen. Stößt er sie von sich, folgt er ihnen nicht, dann eben muß er bei seiner Rasse zurückbleiben, dann kann er nicht hinaus über sie. [...] Eine solche Persönlichkeit, eine solche Seele würde verurteilt sein, in der Rasse zu bleiben. Und wenn wir uns das radikal ausgestaltet denken, so müßte eine solche Seele immer wieder und wieder in derselben Rasse erscheinen, und wir haben die Sage von Ahasver, der immer wieder in derselben Rasse erscheinen muß, weil er den Christus Jesus von sich stieß." (GA 104) Mit anderen Worten: Alle Menschen sind gleich, solange sie den spirituellen Meistern und Führern folgen, an-sonsten können sie sich nicht weiterentwickeln und bleiben auf einer bestimmten Rassenstufe stehen.

Hier wird eine Spaltung deutlich: Einerseits hält Stei-ner die Fixierung auf eine Rasse für schlecht, andererseits geht er selbst davon aus, dass Rassen mit unterschiedlichen Eigenschaften existieren. Von diesem Prinzip aus entwickelt sich eine spezifisch anthroposophische Kritik am Nationa-lismus, aber sie bleibt kraftlos, weil sie mit dem Nationalis-mus den Glauben teilt, dass Nationen Wesen mit Missionen und fixierten Eigenschaften sind. So entstehen merkwürdige Vorstellungskombinationen: Dieser Logik folgend kritisierte eine Reihe von Anthroposophen beispielsweise das völki-sche Denken der Nazis als „jüdisch".[34] „Ahasver" als jüdi-sche Personifikation der Weigerung, sich zu neuen Rassen emporzuheben, ist gezwungen, immer wieder dort geboren zu werden. Neue Rassen bieten dagegen neue seelische und geistige Entwicklungsmöglichkeiten. Dabei stellt Steiner stets klar, welche Rasse am weitesten entwickelt ist: „Se-hen Sie, meine Herren, alles dasjenige, was ich Ihnen jetzt geschildert habe, das sind ja die Dinge, die im Leibe des

Menschen vor sich gehen. Die Seele und der Geist sind mehr oder weniger unabhängig davon. Daher kann der Europäer, weil ihn Seele und Geist am meisten in Anspruch nimmt, Seele und Geist am meisten verarbeiten." (GA 349, S. 62) Alle Menschen sind als Seele und Geist frei und gleich, aber Europäer sind freier und gleicher als andere. „Die" Europäer werden von Steiner sozusagen als Nicht-Rasse oder Post-Rasse gekennzeichnet, sie haben sich dem „Leibe" am meisten entwunden und können deswegen auch in andere Weltgegenden auswandern. „Schwarze" „Neger" mit „Trieb- und Instinktleben" vegetieren dagegen in der Sonne Afrikas und „gelbe" Asiaten haben ein starkes „Gefühlsleben". Wenn sie ihre Kontinente verlassen, gehen sie „zugrunde": Es entstehen „braune" „Malayen" (aus den Asiaten) und „rote" „Indianer" (aus den „Negern"). Steiner fasst zusammen: „Sehen Sie, so hat sich die Sache entwickelt, daß diese fünf Rassen entstanden sind. Man möchte sagen, in der Mitte schwarz, gelb, weiß, und als ein Seitentrieb des Schwarzen das Kupferrote, und als ein Seitenzweig des Gelben das Braune – das sind immer die aussterbenden Teile. Die Weißen sind eigentlich diejenigen, die das Menschliche in sich entwickeln. Daher sind sie auf sich selber angewiesen." (ebenda) An anderen Stellen geht Steiner so weit, die weiße Hautfarbe direkt zur Schöpfung Christi zu erklären: „Aber dieses Hinuntertragen der spirituellen Impulse war es, um dessentwillen der Christus in einem menschlichen Leibe Fleisch geworden ist. Und dieses Hinuntertragen, dieses Durchimprägnieren des Fleisches mit dem Geiste, das ist das Charakteristische der Mission, die Mission überhaupt der weißen Menschheit. Die Menschen haben ihre weiße Hautfarbe aus dem Grunde, weil der Geist in der Haut dann wirkt, wenn er auf den physischen Plan heruntersteigen will." (GA 174b, S. 37) Steiner ist also letztlich widersprüchlich: Christus gilt mal als das Wesen, das den „Urgrund" des individuellen „Ich" darstellt, mal als eines, das die esoterische Privilegierung der Weißen garantiert.

Der fundamentale Widerspruch liegt in Steiners eigenem Programm: Aus einem Weltbild, in dem „Rassen" als Realitäten gelten, lässt sich kein Antirassismus ableiten. Die Einteilung der Menschheit in Rassen, denen unterschiedliche Fähigkeiten zugeschrieben werden, ist ein Produkt der europäischen Neuzeit: Nachdem die Ureinwohner Amerikas verfolgt und durch eingeschleppte Krankheiten dezimiert worden waren, erklärte man „die Indianer" zu einer schwächlichen Rasse, die ganz natürlich zum Sterben neige. Nachdem man zahllose Afrikaner als Sklaven verschleppt hatte, wurden Schwarze zu triebgesteuerten Arbeitstieren stilisiert. Auch Steiners Rassestereotype wiederholen im Grunde nur diese damals schon altbekannten Vorstellungen und verleihen ihnen einen anthroposophischen Überbau. Wie Steiners Überzeugungen generell, so ist auch sein Rassebild kein bisschen originell. Insofern haben Anthroposophen recht, wenn sie relativierend behaupten, Steiners Rassismus sei „zeitbedingt". Das trifft aber auch auf Steiners Ich-Philosophie, Christologie, Medizin, Pädagogik und Politikvorstellung zu. Solange Anthroposophen das nicht anerkennen, ist die verharmlosende Intention hinter der Praxis, nur Steiners Rassentheorie als „Kind ihrer Zeit" darzustellen, leicht als Ausflucht erkennbar. Und auch wenn sich leicht zeigen lässt, dass Steiners Vorstellungen über Judentum oder weiße Hautfarbe nur zeittypische Klischees nachplappern, hat er sich doch große Mühe gegeben, sie detailliert von seinem eigenen esoterischen Weltbild her zu begründen. Steiner sagt eben nicht nur: Weiße sind weise, sondern führt das auf Seele und Geist, Christus usw. usf. zurück.

In Steiners Werk findet man „Rasse" in zwei unterschiedlichen Kontexten: In den Schriften nach 1900, vor allem in *Aus der Akasha-Chronik* verwendet er die theosophischen Begriffe der „Wurzelrassen". Eine „Wurzelrasse" setzt sich wiederum aus sieben „Unterrassen" zusammen. Dieser Begriff ist nicht mit der Unterteilung von „Herrenrassen" und „Unterrassen" zu verwechseln. Vielmehr entwickeln sich nach der Theosophie Blavatskys, der Steiner hier folgt, die verschiedenen Rassen nacheinander und auseinander. Jede Rasse stellt weiterentwickelte geistige und körperliche Fähigkeiten zur Verfügung, immer bessere Plattformen für den Menschheitsfortschritt. Aus dieser theosophischen Rassenlehre wird zum Beispiel Steiners antisemitische Ahasver-Konstruktion verständlich. Es handelt sich um eine gnadenlose Biologisierung der Weltgeschichte: Steiner kennt keinen Unterschied zwischen biologischer Evolution und Kulturentwicklung. Beide folgen denselben Siebener-Rhythmen und höheren Gesetzmäßigkeiten. Die Entwicklung von Geist und Seele wird genauso organizistisch erklärt, wie die der wechselnden Rasse-Körper.

Nach und nach beginnt Steiner, sich von der Theosophie abzugrenzen. Die Einführung Christi, der alle brüderlich als kosmische „Iche" verbindet, führt ihn zu der Überzeugung, dass es Evolutionsstufen gibt, die sich nicht mehr als „Rasse" bezeichnen lassen, weil die physischen „Sonderungen" irrelevant geworden sind – bevor die Erde in ferner Zukunft dann ohnehin in rein geistige Formen übergeht. „Rassen" sind dann nicht mehr, wie in der Theosophie, die Protagonisten bestimmter Evolutionsetappen, sondern ein – unter dem Gesichtspunkt der Ewigkeit wohlgemerkt – vergängliches Phänomen. Statt der endlosen Kette von 7x7x7x7... Wurzel- und Unterrassen, die man aus der Theosophie kennt, präsentiert er ab 1905 immer öfter eine fünfgliedrige Rassentheorie: Weiße, Gelbe, Braune, Schwarze, Rote, oder: Europäer, Mongolen, Malayen, „Neger", „Indianer". Aus Stufen werden Typen. Während die theosophische Rassentheorie den Sozialdarwinismus des 19. Jahrhunderts zeigt, geht Steiners neue, statische Rassentheorie auf die Physiognomik des 18. Jahrhunderts zurück. Steiners Abgrenzung von der Theosophie geht dabei mit einer Verschärfung seines Rassismus einher: Für die Theosophen waren „die Indianer", die angeblich zum Aussterben verdammt seien, eine vergangene Wurzelrasse, die ihre Rolle ausgespielt hatte. In Steiners neuer Rassen-Typologie waren sie von Anfang an dazu bestimmt auszusterben, so wie die „Neger" schon immer ein brodelndes „Triebleben" hatten und die Europäer schon immer besonders geistig waren.[35]

Steiners Abschwächung der theosophischen „Wurzelrassen", die er überdies nicht konsequent durchhielt, wird von Anthroposophen gern fälschlich zum antirassistischen Akt erklärt. Zudem verschweigen sie dabei, dass Steiner der Theosophie auch seinen humanistischen Anspruch verdankte: den Anspruch, in ferner Zukunft eine „universale Brüderschaft" jenseits von Rasse und Nation zu bilden. 1914, ein Jahr nach seiner Trennung von der Theosophie, begann der Erste Weltkrieg, und Steiner steigerte sich bald darauf in die „Mission" des „Deutschtums" und / oder „Mitteleuropas" hinein. Der Krieg galt ihm als Verschwörung finsterer okkulter „Logen", die sich hinter der Politik „Angloamerikas" versteckten. Er behielt seine Rassentheorie zwar bis zu seinem Lebensende bei, aber viel wichtiger wurde nun die geistige Sendung „Mitteleuropas" und dessen Kampf mit den Mächten der englischsprachigen Finsternis. Dabei funktionierte Steiners „Deutschtum" ähnlich wie sein „Christentum": Steiner setzte Brüderlichkeit, Internationalismus, Individualismus und Egalitarismus damit gleich. Wer die universale Mission des Christentums bzw. Deutschtums nicht anerkannte, war der wahre Nationalist, während der „wahre" Deutsche gar nicht nationalistisch sein konnte: „Der Deutsche" solle „erkennen", dass er „dazu prädestiniert ist, das Allgemein-Menschliche durch seine Nationalität zu suchen. Daß er mitbekommt, was ihn über die Nationalität hinausführt, das ist das Nationale deutschen Wesens. Darin besteht das konkret Nationale deutschen Wesens, daß es durch das Nationale über die Nation hinausgetrieben wird in das allgemeine Menschentum hinein." (GA 174a, S. 72) Steiners Versuch, Nationalismus und Antinationalismus zu verbinden, führt zu einem Mischprodukt, das viel schlimmer ist als offen artikulierter Nationalismus: Er bringt es fertig, seine Ressentiments und Elitegefühle mit salbungsvollen humanistischen Worten zu ummanteln und glaubt sich dabei selbst natürlich am meisten. Die anthroposophischen Pamphlete, die versuchen, Steiners Rassen- und Völkerpsychologie als humanistisch zu verteidigen, vermitteln davon einen Eindruck.[36] Noch stärker als die Rassentheorie, führten dieser Deutschnationalismus, Verschwörungsideologie und Antiamerikanismus Steiners dazu, dass viele Anthroposophen sich mit dem Nationalsozialismus anfreunden konnten. Und anders als bei den Rassentheorien bedienen sich heutige Anthroposophen dieser Ideen, um sich Verschwörungstheoretikern an den Hals zu werfen: Ehemalige Waldorfschüler wie Ken Jebsen und Daniele Ganser, sind Stars der deutschsprachigen Verschwörungs-Szene, bieten sich als Brückenbauer an und werden immer wieder zu Vorträgen an Waldorfschulen eingeladen.[37]

Die anthroposophische Literatur enthält noch mindestens bis in die 2000er Jahre die altbekannten rassistischen Stereotype.[38] Gegenüber Steiners „Neger"-Passagen haben sich auch einzelne Anthroposophen inzwischen kritisch geäußert. Vieles klingt jedoch halbherzig und wenig überzeugend, manches geradezu relativierend. 2007 erklärten die Waldorfschulen in einer *Stuttgarter / Wiener Erklärung*: „Die Anthroposophie als Grundlage der Waldorfpädagogik richtet sich gegen jede Form von Rassismus und Nationalismus. Die Freien Waldorfschulen sind sich bewusst, dass vereinzelte Formulierungen im Gesamtwerk Rudolf Steiners nach dem heutigen Verständnis nicht dieser Grundrichtung entsprechen und diskriminierend *wirken*."[39] Auf einer Pressekonferenz im gleichen Jahr erklärte Vorstandsmitglied Albrecht Hüttig kategorisch, dass Steiners Werk nicht die Ursache dieser Wirkung ist: „Es gibt keinen Rassismus im Werk Rudolf Steiners." Anlass der Pressekonferenz war das Gutachten der deutschen *Bundesprüfstelle für jugendgefährdende Medien*, die zwei Bände Steiners – *Geisteswissenschaftliche Menschenkunde* (GA 107) und *Die Mission einzelner Volks-*

seelen im Zusammenhang mit der germanisch-nordischen Mythologie (GA 121) – unter die Lupe nahm und sie als in Teilen rassistisch und zum Rassenhass anreizend einstufte. Das Verfahren bei der Bundesprüfstelle war schließlich der Auslöser für die wachsweiche *Stuttgarter Erklärung.*

●●● Fazit: Angesichts der Tatsache, dass Steiner in seinem Werk eine eigene Rassenlehre entwirft und angesichts der Fülle an rassistischen Zitaten, kann der Rassismus in Steiners Werk nicht ernsthaft bezweifelt werden. Die Urteile aus den maßgeblichen wissenschaftlichen Auseinandersetzungen zu diesem Thema (vgl. z. B. Martins, Zander, Staudenmeier) fallen dementsprechend eindeutig gegen Steiner aus.

Anthroposophen haben in allen Debatten um Steiners Antisemitismus, Nationalismus und Rassismus nahezu ausschließlich reaktiv, relativierend, rechtfertigend oder verleugnend reagiert. Ein kritisches Bewusstsein gegenüber Steiners Eurozentrismus und seinen Verschwörungsideologien ist noch viel weniger ausgeprägt. So demonstrieren Steiners Anhänger bis auf den heutigen Tag, dass solche Ideen kein Beiwerk und keine Ausrutscher, sondern zentrale Bestandteile der anthroposophischen Weltanschauung sind, denn sie selbst haben es bisher nicht geschafft, sich davon zu lösen. ●●●●●●

1.8 Anthroposophie und Nationalsozialismus

●●● Behauptung: „Wir Anthroposophen waren gegen Hitler immun",[40] darum wurde die Anthroposophie in Nazideutschland verboten und verfolgt. ●●●●●●●●

Da waren leitende Anthroposophen 1933 anderer Ansicht. Im sog. „Nachrichtenblatt", der Zeitschrift *Was in der Anthroposophischen Gesellschaft vorgeht*, schrieb Vorstandsmitglied Guenther Wachsmuth nach einem Deutschlandbesuch: „Es ist gut, daß unter den Mitgliedern nicht jene Elemente überwiegen, [...] die den komplizierten Ereignissen der Gegenwart nur lehrhaft nörgelnd und jammernd gegenüberstehen können", und weiter unter Berufung auf Goethe: „Von hier und heute geht eine neue Epoche der Weltgeschichte aus, und Ihr könnt sagen Ihr seid dabei gewesen. Es ist ermutigend, daß diejenigen, die 'dabei' sein wollen, auch in unseren Reihen überwiegen."[41] Die anthroposophische Medizinerin Ita Wegman, die zu dem Zeitpunkt aus dem Vorstand gemobbt worden war, beobachtete das skeptisch: „Die Goetheanumleitung" – gemeint sind Wachsmuth und Co – „wird sich doch mehr und mehr identisch erklären mit dem Nationalsozialismus. Sie versucht auf alle Art mit den Machthabern in Deutschland in guten Beziehungen zu stehen [...]. Der Dr. Rascher, der gute Beziehungen hat zu dieser Richtung, wird jetzt funktionieren als derjenige, der nun in Deutschland die Dinge zu tun hat."[42] Hanns Rascher war NSDAP-Mitglied, Mitarbeiter im Münchener „Braunen Haus", anthroposophischer Arzt und Vater des Waldorfschülers und KZ-Arzts Sigmund Rascher. Er bildete zusammen mit Roman Boos, dem „Liebling Marie Steiners" (Michael Eggert), das inoffizielle Kompetenzteam für Anthroposophen, die versuchten, sich mit dem Nationalsozialismus zu arrangieren. Roman Boos gab dazu im Auftrag der „Goetheanumleitung", also des anthroposophischen Vorstands, ein

Buch mit Steiners deutschnationalen Weltkriegsvorträgen heraus.[43] Hans Büchenbacher, der Vorsitzende der deutschen Anthroposophen, sah das mit Skepsis. Er galt nach der Nazi-Rassenlehre als „Halbjude" und wurde von der Schweizer Zentrale daher bald aufgefordert, „freiwillig" zurückzutreten. Er berichtete in seinen Memoiren rückblickend, „dass etwa zwei Drittel der deutschen Anthroposophen weniger oder mehr auf den Nationalsozialismus hereingefallen waren".[44] Die Eindrücke von Wachsmuth, Wegman und Büchenbacher stimmen darin überein, dass eine Mehrheit der Anthroposophen „dabei" (Wachsmuth) sein wollte. Abseits der eben zitierten anthroposophischen Führungsebene hat Peter Staudenmaier ausführlich nachgewiesen, wie stark die Politik von Rasse und Nation in anthroposophische Diskurse Einzug hielt. Staudenmaier hat auch die italienischen Anthroposophen (wie z. B. Massimo Scaligero) während des Faschismus untersucht, die sich nach seinen Recherchen noch viel stärker in der Rassepolitik engagierten.[45] Unterdessen verteidigten auch Anthroposophen, die die Nazis ablehnten, die Juden nicht gegen nationalsozialistische Angriffe. Manche, wie der dänische Anthroposoph Johannes Hohlenberg, hielten sie im Gegenteil sogar für die wahren Lehrer der Nazis[46] und konnten sich dabei auf Steiner beziehen: Denn nach dessen Vorstellungswelt hatte sich das „jüdische Volk" sich auf Blut und Vererbung konzentriert, statt die globale Mission des „Sonnenwesens" Christus zu befolgen.[47]

Das Verbot der *Anthroposophischen Gesellschaft* in Deutschland am 1. November 1935 hatte also andere Gründe als die angebliche Immunität der Anthroposophen: Der totale Staat konnte keine Alternative dulden. Zumal auch die Anthroposophie mit Rudolf Steiner auf eine Führerfigur fokussiert war. Dennoch gab es Sympathisanten: Rudolf Hess und andere setzten sich dafür ein, dass zwei Waldorfschulen als „Versuchsschulen" weitergeführt werden konnten – eine davon ging jedoch aufgrund von vorher verhängten Schüleraufnahmesperren pleite und die andere wurde nach Hess'

Englandflug geschlossen: In dessen Folge kam es 1941 zu einer flächendeckenden „Aktion gegen Geheimlehren", bei der auch die anthroposophische *Christengemeinschaft* verboten wurde. Besonderes Interesse hatten ökologisch gesinnte Nazis an der biologisch-dynamischen Landwirtschaft, während die anthroposophischen Landwirte unter ihrem Wortführer Erhard Bartsch ganz besonders für den Nationalsozialismus glühten. Die nationalsozialistische Förderung dieser Anbauweise reichte bis zu entsprechend bewirtschafteten Gärten in Konzentrationslagern. Anthroposophen waren also keineswegs immun gegen den Nationalsozialismus, sondern vertraten eher ihre eigene, esoterisch verbrämte Antwort darauf – selbst nach dem offiziellen Verbot.

Nach 1945 herrschte dann erstmal lange dunkles Schweigen über die Vergangenheit. Bis der Grünenpolitiker und Waldorflehrer Arfst Wagner um 1990 begann, kritische Texte und fünf Bände mit Dokumenten und Briefen aus der Nazi-Zeit zu veröffentlichen. Daraufhin erhob sich unter Anthroposophen ein Sturm der Empörung. Nicht etwa, weil man sich angesichts der ans Licht gebrachten dunklen Vergangenheit getäuscht oder betrogen gefühlt hätte, sondern weil man in Wagner einen angeblichen Nestbeschmutzer sah. Die Ereignisse von damals, hieß es, seien doch längst durch Karma ausgeglichen worden.

Überhaupt sehen sich Anthroposophen am liebsten als Opfer: Seitdem mehrere Fälle von rechten Lehrkräften die Waldorfschulen 2015 in die Medien gebracht haben, bemüht sich der *Bund der Freien Waldorfschulen* um Abgrenzung. Zum Beispiel durch die Broschüre „Waldorfschulen im nationalsozialistisch besetzten Deutschland", die im Mai 2017 auf der Webseite des Bunds der Freien Waldorfschulen angekündigt wurde. Bald darauf war sie wieder verschwunden und es erschien die Broschüre *Waldorfschulen im nationalsozialistischen Deutschland*, obwohl man auf der Webseite noch immer liest: „Vollständiger Titel: Die Waldorfschulen im nationalsozialistisch besetzten Deutschland 30. Januar

1933 bis 5. Juli 1941 Eine kleine Monografie".[48] Ob den Verantwortlichen bei dem ursprünglichen Titel doch unwohl wurde, bleibt eine Spekulation, aber der Originalwortlaut zeigt ausgezeichnet, wie sich Anthroposophen den Nationalsozialismus im Rückblick vorstellen: Deutschland hat die NSDAP nicht hervorgebracht und demokratisch an die Macht gewählt, sondern wurde durch eine wie von außen gekommene Macht „besetzt", die mit dem wahren „Deutschtum" gar nichts zu tun habe. Selbst wenn sich in dieser Broschüre erste Schritte zu einer Anerkennung der kritischen Forschungen von Martins und Staudenmaier finden, ist für den Autor Uwe Werner völlig klar, dass die Anthroposophie ihrem Wesen nach überhaupt nicht mit Nationalsozialismus zusammengebracht werden kann. Und zwar weder historisch noch gegenwärtig. Durch diese Brille – und das gilt für fast alle anthroposophischen Publikationen zum Thema – *kann* gar nicht in den Blick geraten, wie und wieso Nazi-Anthroposophen anderer Meinung sind und waren: Wenn die von solchen Kandidaten vertretene, rechtsradikale Auslegung der Anthroposophie gar nicht möglich ist, muss es sich um 'Missverständnisse' handeln, so die irreführende anthroposophische Lesart.

In der Folge kommen Anthroposophen auf diese Weise immer wieder nur zu dem Schluss, überlegen zu sein und nichts falsch gemacht zu haben.

●●● Fazit: Anthroposophen sehen sich heute vor allem in der Opferrolle, wenn sie auf die Geschichte der Anthroposophie im Nationalsozialismus verweisen. Bei genauerem Hinsehen erkennt man schnell, dass dieses Bild nicht stimmt. Ein Großteil der damaligen Anthroposophen stand dem Nationalsozialismus positiv gegenüber oder hat begeistert mitgemacht. Verboten wurde die *Anthroposophische Gesellschaft* nicht, weil sie sich den Nazis entgegengestellt hätte. Die Anthroposophie erwies sich im Gegenteil als anschlussfähig, konnte aber

68

letztendlich, wie viele andere Organisationen, von der totalitären NSDAP nicht geduldet werden.

Die Anthroposophie war und ist keineswegs immun gegen rechtes Gedankengut. Diese Vorstellung ist das Ergebnis einer Verdrängungstaktik, die sich regelmäßig zeigt, wenn Rechte, die an Waldorfschulen arbeiten, als „Einzelfälle"[49] bezeichnet werden. Doch wer nicht versteht, dass die antiwestlichen, romantischen, irrationalen, verschwörungstheoretischen, völkerpsychologischen, deutschnationalen, antisemitischen und rassistischen Vorstellungen Steiners und seiner Anhänger nach rechts (zumindest) offen sind, sondern nur behauptet, das sei alles ganz anders gemeint, kann de facto politisch nicht auf Rechtsradikale reagieren, geschweige denn sich glaubhaft abgrenzen. ●●●●●●●●●●●●●●●

1.9 Anthroposophie und Verschwörungsdenken

Eine Verschwörungstheorie ist ein System von Aussagen über eine Verschwörung hinter einem Ereignis. Eine Verschwörung ist durch illegitimes, heimliches Handeln von mindestens zwei Personen gekennzeichnet. Die Verschwörungstheorie liefert eine alternative Darstellung des Ereignisses, die im Gegensatz zur offiziellen Darstellung steht.

Inzwischen gibt es zahlreiche psychologische Studien, die untersuchen, ob der Glaube an Verschwörungen mit einer bestimmten Denkweise oder Geisteshaltung (engl. mindset) zusammenhängt. Einige Untersuchungen legen nahe, dass analytisches oder kritisches Denken den Glauben an Verschwörungstheorien reduziert.[50] Das allein scheint aber nicht ausreichend zu sein. Ståhl & van Prooijen zeigen in ihrer Studie, dass neben hohen kognitiven Fähigkeiten auch Motivation eine ebenso wichtige Rolle spielt.[51] Wenn die Motivation nicht vorhanden ist, sich kritischen Denkens zu bedienen, um die eigenen Überzeugungen auf der Grundlage von Logik und Beweisen zu bilden, so steigt die Wahrscheinlichkeit, dass Menschen an Verschwörungen und paranormale Phänomene glauben.

Wie wir bereits gesehen haben, glauben Anthroposophen an eine geistige Welt neben der sinnlich erfahrbaren Welt. Diese geistige Welt ist mit allerlei Dämonen, Engeln, Kobolden und anderen Fantasiewesen bevölkert. Das Weltgeschehen wird genauso wie individuelle Schicksale als Teil einer kosmischen Evolutionsgeschichte gedeutet. Der Eingeweihte kann durch Hellsicht höhere Wahrheiten schauen. Dieses irrationale anthroposophische Weltbild gründet auf jenen Denkweisen, die Psychologen mit dem Glauben an Verschwörungstheorien eng verknüpft sehen.

Zu Steiners Lebzeiten, insbesondere in den zahlreichen okkulten Zirkeln im ausgehenden 19. Jahrhundert, waren Verschwörungstheorien sehr beliebt. In der Theosophie und später auch in der Anthroposophie hat Verschwörungsdenken eine lange Tradition. So ist der Erste Weltkrieg Gegenstand zahlreicher anthroposophischer Verschwörungstheorien. Bereits 1914 war sich Steiner sicher, „daß dieser Krieg eine Verschwörung ist gegen deutsches Geistesleben".[52] Später sprach er von „westeuropäischen Geheimgesellschaften" und „okkulten Orden," die den Krieg jahrzehntelang vorbereitet hätten.

Der Historiker und Anthroposophieexperte Peter Staudenmeier sagt dazu im Interview: „Das wohl bekannteste Beispiel dieses anthroposophischen Verschwörungsmythos – von Steiner inspiriert, unterstützt, und gefördert – ist das Buch von Karl Heise, *Entente-Freimaurerei und Weltkrieg* (Basel 1919). Dieses Werk leistete einen bedeutenden Beitrag zur Verbreitung von antisemitischen und antifreimaurerischen Feindbildern in der Weimarer Zeit. Andere Anthroposophen bemühten die gleichen unseligen Märchen. So wetterte Wilhelm von Heydebrand gegen englische Okkultisten, Freimaurer, Juden und Sozialisten, die den Weltkrieg entfesselten, um die 'Vernichtung Deutschlands' zu erreichen.[53] Düster deutete von Heydebrand an, daß 'die Freimaurer-Logen der Anglo-Amerikaner und ihre romanischen Anhängsel stark von einem intellektuell hochentwickelten Judentum durchsetzt sind.'[54] In anthroposophischen Darstellungen des Weltkrieges kehren okkulte Verschwörungen immer wieder, eine Tradition, die sich vom Kriegsende bis heute hartnäckig erhalten hat (…)".[55]

Steiner und seine Nachfolger strickten zahlreiche Verschwörungstheorien häufig mit antiamerikanischem oder antisemitischen Inhalten. Dieses Verschwörungsdenken ist auch heute noch unter Anthroposophen salonfähig. Ken Jebsen oder Daniele Ganser (beide sind ehemalige Waldorfschüler) mit ihren verschwörungstheoretischen Thesen sind gern gesehene Gäste an Waldorfschulen. Ganser wurden in der anthroposophischen Wochenzeitschrift *Das Goetheanum*, die von der *Anthroposophischen Gesellschaft* in Dornach herausgegeben wird, vier Seiten eingeräumt, um seine Thesen zu verbreiten.[56] In dieser und anderen anthroposophischen Publikationen finden sich immer wieder entsprechende verschwörungstheoretische Motive. In einem auf verschiedenen Webseiten veröffentlichten Artikel hetzt der anthroposophische Heilpädagoge Rüdiger Keuler gegen junge afrikanische Flüchtlinge, die als Söldner von anglo-amerikanischen Machthabern geschickt würden, um das „genetische Material" der Deutschen zu schädigen, welches als Bedrohung der eigenen Weltmachtansprüche empfunden würde. Dadurch würde die weitere Entwicklung der Menschheit zerstört.[57]

●●● Fazit: Die Anthroposophie ist, weil sie von einer geheimen Welt hinter der Welt ausgeht, in der ebenso geheime Kräfte und Wesen wirken, anfällig für Verschwörungstheorien. Seit ihrer Begründung hat Verschwörungsdenken immer eine Rolle gespielt. Gerade diese Offenheit für Verschwörungsideologien, sorgt dafür, dass die Anthroposophie für Reichsbürger und andere Rechte anschlussfähig ist. In antiamerikanischen Verschwörungstheorien, finden Anthroposophen im politisch rechten wie linken Spektrum einen gemeinsamen Nenner und können sich auf eine Tradition berufen, laut der okkulte angloamerikanische Bruderschaften des Westens unter Führerschaft obskurer Hintermänner ihr Unwesen treiben und die Weltgeschicke zu bestimmen versuchen. ●●●●●●●●●●●

2 Waldorfpädagogik

Die erste Waldorfschule wurde am 7. September 1919 in Stuttgart von Emil Molt gegründet. Molt war Direktor der Waldorf-Astoria Zigarrenfabrik, die der Waldorfpädagogik zu ihrem Namen verhalf. Er wollte eine Schule für die Kinder seiner Arbeiter gründen. Als langjähriger Theosoph und Anthroposoph übertrug er Rudolf Steiner, der über keinerlei pädagogische Ausbildung verfügte, die Aufgabe, die Ausbildung und Beratung des Kollegiums zu übernehmen.

Heute sind die Waldorfschulen und -kindergärten das wohl erfolgreichste, bekannteste und weithin sichtbarste unter den anthroposophischen Praxisfeldern. Laut Wikipedia gibt es aktuell (Stand April 2018) 1151 Waldorfschulen weltweit, davon 780 in Europa, mit 244 die meisten in Deutschland. Daneben gibt es weltweit ca. 1900 Waldorfkindergärten, laut Wikipedia 564 allein in Deutschland.

Den Waldorfeinrichtungen haftet der Ruf an, besonders auf die Bedürfnisse der Kinder einzugehen. Die Schulen werben damit, mit weniger Leistungsdruck als staatliche Schulen zu den gleichen Abschlüssen zu führen. Dabei betonen die Waldorfschulen, dass sie auf den ästhetisch-künstlerischen Bereich besonderen Wert legen. Auf der anderen Seite gelten Waldorfschüler (und -eltern) als leicht weltfremd. Davon zeugt auch das bekannte Klischee, dass alle Schüler ihren Namen tanzen können.

Negative Schlagzeilen machen Waldorfschulen immer wieder durch Einladung von Verschwörungstheoretikern, oder durch Ausbrüche von Masernerkrankungen. 2015 wurde der Geschäftsführer der Waldorfschule in Rendsburg entlassen, weil er im rechten Milieu aktiv war und der Reichsbürgerbewegung nahegestanden haben soll. In diesem und weiteren Fällen von Lehrkräften an Waldorfschulen mit rechtsradikaler Gesinnung sieht der *Bund der Freien Waldorfschulen* kein strukturelles Problem, sondern Einzelfälle und die öffentliche Meinung scheint dieser Lesart zu folgen. Denn die Waldorfschulen haben einen ungebrochen guten Ruf.

Betrachten wir die Waldorfpädagogik also anhand einiger Behauptungen genauer.

2.1 Waldorfschulen als „Freie Schulen"

●●● Behauptung: Waldorfschulen sind als „Freie Schulen" demokratisch organisiert. ●●●●●●●●●●●●●●●

„Als Freie Schulen haben die Waldorfschulen die hierarchisch organisierte Außenlenkung der staatlichen Schulen durch eine freiheitliche Verfassung ersetzt. Die Selbstverwaltung erfolgt durch Eltern und Lehrer gemeinsam und stellt ein sehr zukunftsorientiertes soziales Erfahrungsfeld dar. Die pädagogische Leitung wird von der wöchentlichen Lehrerkonferenz wahrgenommen, an der alle Lehrer gleichberechtigt mitwirken. Das Bemühen um das Verständnis des Menschen, seiner Lebensgesetze und um Fortentwicklung der Pädagogik auf der Basis der anthroposophischen Geisteswissenschaft bildet die gemeinsame Grundlage."[58] So schreibt es der *Bund der Freien Waldorfschulen* auf seiner Homepage.

Als unbedarfter Leser hat man bei diesen Zeilen wahrscheinlich eine große, basisdemokratisch organisierte Gemeinschaft vor Augen. Doch der Waldorf-Werbetext verrät nicht die ganze Wahrheit.

Die Organisation der Waldorfschulen als „Freie Schulen" ist nicht aus demokratischen Erwägungen geschehen. Sie lehnt sich vielmehr an die soziale Dreigliederung an (vgl. 1.5 Dreigliederung des sozialen Organismus).

Dort sah Steiner die Trennung der politischen Sphäre von der des Geisteslebens vor, unter die er auch die Waldorfschulen fasste. So sind Waldorfschulen, als Schulen in nicht-öffentlicher Trägerschaft organisiert und unterliegen nur in eingeschränkter Form staatlicher Kontrolle. Ein Verein, in dem z. B. Eltern und Lehrer organisiert sein können, übernimmt die Trägerschaft. Der Verein wiederum ist Mitglied im *Bund der Freien Waldorfschulen*, dem mächtigen Dachverband, der die Namensrechte hält und Vorgaben zur „Selbstorganisation" der Waldorfschulen macht, worin schon die erste Freiheitseinschränkung besteht.

Waldorfschulen sind Schulen ohne Schulleiter, mit flachen festgeschriebenen Hierarchien. Ihre Organisationsform folgt auch nach innen der sozialen Dreigliederung (vgl. 1.5 Dreigliederung des sozialen Organismus). So führt die wirtschaftlichen Geschicke in der Regel ein Geschäftsführer, der dem Trägerverein vorsteht. Innerhalb der Schulorganisation ist das „Wirtschaftsleben" vom „geistigen Leben" getrennt. Die Schulleitung übernimmt für den pädagogischen Bereich die Lehrerschaft in Form einer kollegialen Schulleitung. Es herrscht im Grundsatz das Einmütigkeitsprinzip. Das bedeutet, dass gerade nicht durch demokratischen Mehrheitsbeschluss über die Belange der Schule entschieden wird. Ein Beschluss wird einmütig gefasst, das heißt, einem Antrag wird entsprochen, wenn niemand widerspricht. An vielen Schulen gibt es dazu eine Schulleitungskonferenz an der bis zu zehn Lehrkräfte, die vom Kollegium dazu bestimmt werden, sowie der Geschäftsführer teilnehmen, um Schulleitungsangelegenheiten zu regeln. Auch hier sollen die Entscheidungen einmütig gefällt werden. Das gilt auch für höchst sensible Entscheidungen, wie Einstellung und Bezahlung von Lehrkräften und sonstigem Schulpersonal oder die Höhe und die Staffelung des monatlichen Schulgeldes. Dass diese Schulorganisation extrem hohes Konfliktpotential birgt, liegt auf der Hand. Dahinter steht der organologische Grundgedanke der sozialen Dreigliederung (vgl. 1.5 Dreigliederung des sozialen Organismus) und die Zweiteilung in gesunde und krank machende Handlungen. Der Einzelne soll sich dem Organismus unterordnen. Autorität des großen Ganzen statt individueller Freiheit.

Anlässlich der Gründung der ersten Waldorfschule in Stuttgart sagte Steiner: „Innerhalb des Staatsgefüges ist das Geistesleben zur Freiheit herangewachsen; es kann in dieser Freiheit nicht richtig leben, wenn ihm nicht die volle Selbstverwaltung gegeben wird. [...] Das Erziehungs- und Unterrichtswesen, aus dem ja doch alles geistige Leben herauswächst, muss in die Verwaltung derer gestellt werden, die erziehen und unterrichten. In diese Verwaltung soll nichts hineinreden oder hineinregieren, was im Staate oder in der Wirtschaft tätig ist. [...] Niemand gibt Vorschriften, der nicht gleichzeitig selbst im lebendigen Unterrichten und Erziehen drinnen steht" (GA 23, S. 10 f.).

Auch das klingt nach der Freiheit, die man bis heute an Waldorfschulen so gerne im Munde führt. Das Fehlen klarer Hierarchien, Verwaltungsvorschriften usw. führt in der Praxis jedoch häufig dazu, dass alle bei allem mitreden. Verschärft durch das Einmütigkeitsprinzip werden die Konferenzen oft als lang und zermürbend beschrieben, die Leitungsstrukturen als ineffizient.[59] Reformen können so, insbesondere da, wo es um dogmatische Glaubensgrundsätze der Anthroposophie geht, unmöglich gemacht werden.

●●● Fazit: Das Einmütigkeitsgebot ist grundsätzlich als autoritäres nicht-demokratisches Element zu werten, weil es offenem Austausch von Meinungen und dem Bilden von Mehrheiten (im Gegensatz zur einmütigen Einheit) im Wege steht.

Das Fehlen offizieller Hierarchien mit bestimmten Führungspositionen und klaren Ansprechpartnern ist alles andere als eine Garantie dafür, dass es keine Hierarchien gibt. Sie bilden sich nur eben im Geheimen statt transparent entlang der formalen Struktur der Schule. Ehemalige Waldorflehrer berichten häufig von inoffiziellen Machtzirkeln, in denen sich Wortführer aus dem Kollegium, mitunter aber auch einflussreiche Eltern, wiederfinden. Diese „grauen Eminenzen" üben oft großen Einfluss aus, ohne institutionell oder demokratisch legitimiert zu sein.

Wie stark sich diese Probleme in der Praxis auswirken, wird sich von Waldorfschule zu Waldorfschule unterscheiden und hängt letzten Endes von den handelnden Personen an der Schule ab. Dass es sich um reale Probleme handelt, wird auch in der Waldorfliteratur kaum mehr geleugnet.[60] Die offensichtlichen Mängel in der Schulstruktur werden aber nicht konsequent angegangen, weil man damit an Steiners sozialer Dreigliederung rühren würde. ●●●●●●●●●

2.2 Gründung einer Waldorfschule

●●● Behauptung: Waldorfschulen werden durch persönliches Engagement von Elterninitiativen frei gegründet. ●●●●●●●●●●●●●●●●●●●●●●●●●●●●●●

„Eltern wollen Waldorfschule gründen" betitelte die *Rheinische Post* am 13.2.2018 ihren Artikel zu einer geplanten neuen Waldorfschule bei Dinslaken. Dieses Beispiel ist typisch für die Berichterstattung über Waldorfschulgründungen, die sich mehr oder weniger immer gleich liest. Da sind es in der Regel engagierte Eltern, die im Zentrum der Berichterstattung stehen und die mit Eifer und Enthusiasmus über ihr Vorhaben Auskunft geben. Alles klingt freundlich, offen und frei. Die üblichen Waldorfklischees von geringerem Leistungsdruck, der individuellen Förderung und der Schwerpunktsetzung im musischen und handwerklichen Bereich dürfen dabei auch nicht fehlen. Nur eins fehlt in diesen Berichten eigentlich immer: die Erwähnung der Anthroposophie. Und so könnte man meinen, eine Waldorfschulgründung sei eine sehr freie Angelegenheit.

Was man in den Presseartikeln in der Regel nicht liest, ist, dass es meist Anthroposophen sind, häufig mit waldorfpädagogischer Ausbildung, die den harten Kern der Elterninitiativen bilden und die mitnichten weltanschaulich neutral sind. Über jede Waldorfschulgründung wacht der *Bund der Freien Waldorfschulen*, der mächtige Dachverband der Waldorfschulen in Deutschland. Er hält die Namensrechte, er erteilt schlussendlich die Genehmigung und deshalb bestimmt er auch die Regeln. Zwingend vorgeschrieben ist dazu ein Gründungslehrer, der die Schulgründung ganz im Sinne des *Bundes der Freien Waldorfschulen* beaufsichtigt und der dafür sorgt, dass am Ende auch Anthroposophie drin ist, wo Waldorfschule draufsteht. Einstellungsvoraussetzung für Gründungslehrer ist langjährige einschlägige Erfahrung mit Waldorfpädagogik und der Verwaltung von Waldorfschulen.

●●● Fazit: Die Gründung einer Freien Waldorfschule ist ganz und gar nicht frei, sondern stark reglementiert. Der Bund der Freien Waldorfschulen stellt dabei durch einen Gründungslehrer sicher, dass die neue Schule im Sinne seiner anthroposophischen Weltanschauung ausgestaltet wird. Nur dann erteilt er seine Genehmigung. ●●●●●●

2.3 Waldorflehrer

●●● These: Waldorflehrer haben eine normale Lehrerausbildung. ●●●●●●●●●●●●●●●●●●●●●●●●●●●●●

Diese Behauptung lässt sich nicht so einfach überprüfen.
Der Grund dafür ist der Föderalismus im Bildungswesen,
der auch in der Frage der geforderten Qualifikation von
Lehrkräften an Waldorfschulen Blüten treibt. Die Bundesländer können innerhalb des Rahmens, den das Grundgesetz
für Privatschulen vorgibt, eigene Spielregeln festlegen. Im
Grundgesetz heißt es dazu in Artikel 7 Absatz 4:

„Das Recht zur Errichtung von privaten Schulen wird ge-
währleistet. Private Schulen als Ersatz für öffentliche Schulen bedürfen der Genehmigung des Staates und unterstehen
den Landesgesetzen. Die Genehmigung ist zu erteilen, *wenn
die privaten Schulen in ihren Lehrzielen und Einrichtungen
sowie in der wissenschaftlichen Ausbildung ihrer Lehrkräfte
nicht hinter den öffentlichen Schulen zurückstehen* und eine
Sonderung der Schüler nach den Besitzverhältnissen der Eltern nicht gefördert wird. Die Genehmigung ist zu versagen,
wenn die wirtschaftliche und rechtliche Stellung der Lehrkräfte nicht genügend gesichert ist." (Hervorhebung A.S.)

Die Umsetzung dieses Grundgesetzauftrages ist in den
Schulgesetzen und Verordnungen der Bundesländer höchst
unterschiedlich geregelt.

Waldorfschulen sind Schulen in nicht-öffentlicher Trägerschaft. Im Unterschied zu den meisten anderen Privatschulen leisten sie sich eine eigene Lehrerausbildung. In
der Regel beschäftigen Privatschulen Lehrkräfte mit entsprechenden staatlichen Abschlüssen. Einen staatlichen Abschluss für allgemeinbildende Schulen erreicht man durch
ein abgeschlossenes Hochschulstudium mit erster Staatsprüfung oder entsprechendem Masterabschluss sowie einen
Vorbereitungsdienst (auch Referendariat genannt), der mit
der zweiten Staatsprüfung abgeschlossen wird. Im Hoch-

schulstudium wird dabei der Fokus auf die wissenschaftlich fundierte Ausbildung gelegt, darauf aufbauend dann im Vorbereitungsdienst auf die pädagogische Praxis.

Einige Bundesländer setzten ein erstes Staatsexamen bzw. einen vergleichbaren Masterabschluss voraus, mit dem sie den wissenschaftlichen Teil der Ausbildung abgedeckt sehen. Andere erkennen die Waldorfdiplome überhaupt nicht an und verlangen die volle staatliche zweiphasige Ausbildung. Baden-Württemberg, Bremen und Schleswig-Holstein erkennen die Waldorfdiplome grundsätzlich als wissenschaftlich gleichwertig an.[61] Inzwischen gibt es auch Waldorfstudiengänge, wie den der Alanus Hochschule in Mannheim, einer anthroposophischen Privathochschule, der nach eigenen Angaben staatlichen Abschlüssen gleichgestellt ist und von allen Bundesländern anerkannt wird.

Aber was wird an Waldorfseminaren gelernt und ist die Ausbildung tatsächlich wissenschaftlich gleichwertig im Vergleich zur zweiphasigen Lehrerausbildung inklusive eines Hochschulstudiums?

Ein Blick auf die Internetseiten des Instituts für Waldorfpädagik der Alanus Hochschule lässt Zweifel aufkommen. Im Studiengang „Master of Arts Waldorfpädagogik Schwerpunkt Klassenlehrer/in mit Fach" heißt es: „Insbesondere wird die Bildung fachwissenschaftlicher, didaktisch-methodischer und pädagogischer Kompetenzen, ebenso wie die Entwicklung kreativer, sozialer und kritisch-selbstreflexiver Fähigkeiten ermöglicht. Auf diese Weise wird der Grundstein für erfolgreiches (schul-)pädagogisches Handeln in einem 'erziehungskünstlerischen' Sinn (R. Steiner) gelegt."[62]

Man könnte zur besseren Verständlichkeit auch „in einem anthroposophischen Sinn" schreiben, denn nichts anderes ist gemeint, wenn Anthroposophen von Erziehungskunst sprechen. Das zeigt auch ein Blick auf die online skizzierten Studieninhalte: „Erkenntnis-/Wissenschaftstheorie, Anthropologie, Entwicklungstheorie, Sinneslehre, Waldorfpädagogik im erziehungswissenschaftlichen Diskurs" liest man unter dem Punkt „Waldorfpädagogik", womit klar ist, dass diese Begriffe inhaltlich im anthroposophischen, nicht im wissenschaftlich-kritischen Verständnis ausgefüllt werden. Unter „Schulentwicklung und Gesellschaft" findet sich „anthroposophischer Kulturimpuls", unter „Studium Generale" „Erkenntniswissenschaft". „Praktische Übungen in Eurythmie" runden das anthroposophische Studienpaket ab.

Deutlicher wird das Waldorfseminar in Jena, das ein „Fernstudium Waldorfpädagogik" anbietet. Das Grundstudium gliedert sich aktuell in elf Lektionen,[63] die hier unter Weglassung der Dozenten in großen Teilen wiedergegeben werden:

1 **Das Wesen des Menschen – anthroposophisch erfasst**
Der Wahrnehmungsvorgang: Viele Wege zum Geist / Wahrnehmungsbeispiele / Der materielle Leib als Spiegel des Wahrnehmungsvorgangs.
Der Ätherleib: A. Das Gedächtnis / Der schwarze Montag / Fragen zu den unterschiedlichen Gedächtnisbereichen / Die vier Bereiche des Gedächtnisses. – B. Die anthroposophische Charakterisierung des Ätherleibes. – C. Der weibliche und der männliche Bereich des Ätherleibes. – D. Gewohnheiten und Temperamente. – E. Die Bedeutung des Ätherleibes für die Entwicklung des Menschen.
Der Astralleib: Eine Reise nach Afghanistan / Eine seelische Leiblichkeit / Die Aura / Der Beginn des Bewusstseins / Die Bewusstseinszustände.
Die Seele – Das Ich – Höhere Geistesglieder.

2 **Einführung in die Anthroposophie**
Sinnfragen des Lebens: Erkenntnistheoretische Grundlagen.
Geistige Wesen: Engel / Elementarwesen / Dämonen / Christus / das Böse.
Zufall und Schicksal: Reinkarnation und Karma.
Übungen: Gedächtnisübungen / Willensübungen / Meditation.

Geistige Erfahrungen: Nahtod-Erfahrungen / Neue Seelenfähigkeiten.

3 **Die Entwicklung des Menschen im Kindes- und Jugendalter**

Grundlagen der Erziehung: Neues Denken / Der sich entwickelnde Mensch / Schule als Kräftequelle.

Entwicklung: Zusammenhänge von seelisch-geistiger und leiblicher Entwicklung / Drei Hauptentwicklungsphasen / Gehen, Sprechen, Denken / Nachahmung / Zahnwechsel und Schulreife / Vom Kind gesuchte Autorität / Lebenswendepunkte.

Pubertät: Suche nach Welterfahrung / Erste eigene Urteile / Sinnfrage / Verwandlungen des Kindes als ständige Herausforderung an die innere Haltung des Pädagogen.

Kindliches Lernen: Wille (tätige Erfahrung), Gefühl (seelische Auseinandersetzung), Gedanke (Verstehen).

Unterricht: Antwort auf Entwicklungsbedürfnisse. Auffällige Kinder.

4 **Die Klassenlehrerzeit**

Der Lehrplan als Antwort auf Entwicklungsbedürfnisse: Inhalte erleben und vertiefen / Der Epochenunterricht / Die Gliederung des Tages / Der Hauptunterricht

Methodische Prinzipien: Das Gefühl ansprechen / Bildhaftigkeit / Vom Menschen ausgehen / Vom Ganzen in die Teile / Vom Tun zum Begreifen / Der Dreischritt

Die Aufgaben des Klassenlehrers: Die Arbeit an sich selbst / Die Arbeit mit den Kindern / Die Arbeit mit den Eltern / Die Arbeit mit dem Schulorganismus. Konferenzen.

5 **Die Oberstufe der Waldorfschule – Deutsch und Geschichte**

Einleitung: Die Situation der Schüler / Aufgaben und Möglichkeiten der geisteswissenschaftlichen Fächer.

Deutsch: Die Wirklichkeit der Sprache / Goethe und Schiller / Das Nibelungenlied und die Poetik / Parzival und die Moderne / Goethes „Faust".

Geschichte: Was ist Geschichte? / Die Neuzeit / Von der Steinzeit in die Antike / Von Sokrates zum „Herbst des Mittelalters" / Gegenwart und Weltgeschichte.

Ausblick: Die Beziehung zwischen Schüler und Lehrer.

6 **Mathematik wird Anthroposophie: Über die Grundlagen der Waldorfpädagogik**

Anthroposophie und Wissenschaftlichkeit – Anthroposophie und Esoterik. Und was hat das mit dem pädagogischen Alltag zu tun?

In der Biographie Rudolf Steiners zeigt sich schon früh der Bezug anthroposophischer Geisteswissenschaft zur Mathematik. Um nicht nur darüber zu reflektieren, mündet die Lektion in geometrische Übungen mit Perspektiven in die Unendlichkeit – und darüber hinaus.

7 **Die Oberstufe der Waldorfschule – Geografie und Biologie**

Förderung eines eigenständigen Denkens: Die Entstehung eines Weltbildes an Beispielen der Geografie, Biologie / Exemplarische Unterrichtsverläufe / Schülerreaktionen / Reflexionen des Lehrers.

Gesichtspunkte zur Entwicklung junger Menschen: Die Einseitigkeit heutigen naturwissenschaftlichen Denkens / Der Übergang von der Mittel- zur Oberstufe / Beispiele unterschiedlicher Fragehaltungen und Denkstile in den entsprechenden Altersstufen / Naturwissenschaften und Enthusiasmus.

Das innere Engagement des Lehrers: Mehr als nur Experte sein.

8 **Interaktionen im Lehrerberuf**

Lehrer und Kind: Erste Begegnung / Beziehung zur Klasse und zum einzelnen Kind / Lieblinge – Störenfriede – Mauerblümchen / Das größere Interesse am Kind als das rein schulische / Bedürfnisse heutiger Kinder / Vom rechten Zeitpunkt / Da-Sein und Geistesgegenwart / Sitzordnung / Schulung der Wahrnehmung individueller Prägungen / Grazie und Humor / Bedeutungsvolle Sprache / Die „sinnige" Geschichte.

Lehrer und Eltern: Rollenverständnis und unterschiedliche Aufgaben / Vertrauen und Verantwortung / Der Stil der Mitteilungen / Rechtzeitige Informationen und Verabredungen / Streitkultur statt Parkplatzgespräche / Umgang mit Ängsten / Einbeziehung der Eltern und aktive Mitgestaltung / Elternabende / Hausbesuche.

Lehrer und Lehrer: Die Kinderkonferenz / Miteinander statt nebeneinander / Wahrnehmen des Anderen / Gegenseitige Befähigung / Arbeits- und Erkenntnisgemeinschaft.

9 **Die differenzierte Wahrnehmung sozialer Beziehungen – Dreigliederung des Sozialen Organismus**

Schulen in freier Trägerschaft und Selbstverwaltung: Die Fähigkeiten zu einer geeigneten Mitarbeit in der Selbstverwaltung sind uns nicht in die Wiege gelegt. Zur Geschichte der Dreigliederung / Die makrosoziale, mesosoziale und mikrosoziale Ebene.

Der Beginn des sozialen Erfahrungsweges: Übungen im differenzierten Wahrnehmen sozialer Gegebenheiten / Einführung / Spielregeln.

Die Aufgaben: 1. Der mikrosoziale Bereich. 2. Der mesosoziale Bereich. 3. Der makrosoziale Bereich. 4. Soziales Handeln unter Berücksichtigung der Dreigliedrigkeit menschlicher Begegnungen.

10 **Erziehung als Selbsterziehung**

Stärker und prägender als alle Inhalte und Angebote (wie Geschichten, Spiele usw.) wirken die kleinen Alltäglichkeiten, die immer wiederkehren, auf das kleine Kind. (...) Themen: Vom einfühlsamen Umgang mit dem Kind. Mit den Engeln der Kinder zusammenarbeiten? Das bewusste Erleben des Jahreslaufes.

11 Vom Sinn des Feste-Feierns: Vorbild und Nachahmung

(...) Da die Waldorfpädagogik eine christliche ist, werden Anregungen gegeben, wie wir uns den Hintergründen der jeweiligen Jahresfeste nähern können. In ihnen liegen Kräfte, die uns selbst beschenken und die auch den Kindern nicht vorenthalten werden sollten.

Man muss kein ausgewiesener Kenner der Anthroposophie sein, um festzustellen, dass sich dieser Bildungsgang darin erschöpft, die anthroposophische Esoterik an die angehende Waldorflehrkraft zu bringen. Die unterschiedlichen Perspektiven von Pädagogik, Entwicklungspsychologie oder Fachdidaktiken wissenschaftlicher Prägung fehlen vollständig. Die Beschreibung lässt auch nicht den Ansatz von kritischer Reflexion der Waldorfpädagogik erkennen. Bundesländer, die derlei Abschlüsse als wissenschaftlich gleichwertig anerkennen, verschließen offenbar beide Augen fest vor der Realität, denn wenige Minuten Internetrecherche genügen, um den Konflikt mit dem Grundgesetz zu offenbaren. In dieses Bild fügt sich die Antwort des rheinland-pfälzischen Kultusministeriums auf meine konkrete Anfrage nach der wissenschaftlichen Gleichwertigkeit der Ausbildung an Waldorfseminaren: „Lehrkräfte ohne Lehramtsabschlüsse erhalten im ersten Jahr nur eine befristete Lehrgenehmigung. Die Bewährungsprobe für die Lehrkräfte ist der Unterricht und sind damit die Leistungen der Schülerinnen und Schüler. Diese erhalten staatliche Abschlüsse nur, wenn sie an staatlichen Prüfungen teilgenommen haben."[64] Entscheidend ist demnach, was am Ende herauskommt.

Dass man die fraglichen Inhalte dieser Ausbildungsgänge nicht nur in Studienübersichten, sondern auch in der Praxis findet, zeigt das Beispiel des ausgebildeten Waldorflehrers Andreas Lichte, der sich im Rahmen einer Maßnahme der Agentur für Arbeit (sic!) im Waldorfseminar Berlin wiederfand. Seine Erfahrungen im Waldorfseminar (und viele weitere kritische Artikel zur Anthroposophie) hat er auf verschiedenen Blogs veröffentlicht.[65]

●●● Fazit: Welche Ausbildung eine Lehrkraft an einer Waldorfschule tatsächlich mitbringt, kann im Einzelfall sehr unterschiedlich sein. In Rheinland-Pfalz verfügten 2012 nur rund die Hälfte der Lehrkräfte an Freien Waldorfschulen über ein Staatsexamen oder einen vergleichbaren Hochschulabschluss.[66] Ob eine Lehrkraft eine mit Lehrkräften an staatlichen Schulen vergleichbare Ausbildung hat oder nicht, ist also ein Glücksspiel und auf keinen Fall garantiert. Auch wenn eine Waldorflehrkraft über staatliche Abschlüsse verfügt, bleibt in jedem Fall die Frage offen, ob und wie sie das dort erworbene Wissen in der Praxis nutzt. Mir haben einige nicht-anthroposophische ehemalige Waldorflehrer berichtet, dass sie aus Kreisen des Kollegiums kritisiert und unter Druck gesetzt wurden, wenn man feststellte, dass der eigene Unterricht nicht den anthroposophischen Vorstellungen entsprach. Auch wenn derlei Berichte nur anekdotische Evidenz haben, gilt zumindest in Deutschland, dass der *Bund der Freien Waldorfschulen* als Dachverband die Namensrechte hält und gewissermaßen dafür einsteht, dass sich Anthroposophie in Schulen wiederfindet, auf denen „Waldorfschule" steht. ●●●●●●●●●●●●●●●●●

2.4 Waldorfschulen und Anthroposophie

●●● Behauptung: Waldorfschulen unterrichten keine Anthroposophie. ●●●●●●●●●●●●●●●●●●●●●●●●●●●

Schon Rudolf Steiner machte klar, dass Anthroposophie und Waldorfpädagogik nicht zu trennen seien. Er stellte für die Praxisfelder der Anthroposophie fest „daß doch alle die einzelnen Unternehmungen herausgewachsen sind aus dem Mutterboden der Anthroposophie und man dessen eingedenk bleiben muß, daß man vor allen Dingen wirklich Anthroposoph bleiben muß, daß man dieses Zentrum nicht verleugnen darf, nicht verleugnen darf als Waldorfschul-Lehrer, nicht verleugnen darf als Mitarbeiter des Kommenden Tages, nicht verleugnen darf als Forscher, nicht verleugnen darf als Mediziner, daß man niemals auch nur im Entferntesten auf die Gesinnung kommen soll, zu sagen: Ich habe für die allgemeinen anthroposophischen Angelegenheiten keine Zeit. Sonst könnte zwar eine Zeitlang in jeder dieser Unternehmungen Leben sein, weil die Anthroposophie als solche wirklich Leben enthält und geben kann, aber es könnte dieses Leben nicht auf die Dauer unterhalten werden. Es würde versiegen auch für die einzelnen Unternehmungen." (GA 257, S. 87)

Dennoch ist die Anthroposophie kein Unterrichtsfach an Waldorfschulen. Auch das geht auf ihren Gründer zurück: „Wir haben nicht ein Interesse daran, etwa Anthroposophie theoretisch wie eine Religion an die Kinder heranzubringen. O nein, das ist nicht dasjenige, was wir als die Hauptsache betrachten." (GA 297, S. 257) Das ist auch gar nicht erforderlich, denn die Anthroposophie ist in jedem Fach allgegenwärtig. „Wir haben aber nicht ein Interesse, die Waldorfschule zu einer unmittelbaren Weltanschauungsschule zu machen, sondern wir wollen dasjenige, was die anthroposophische Erkenntnis gibt, eben in die pädagogische Kunst, in die Handhabung dieser pädagogischen Kunst hineinfließen lassen. Wie man es macht mit dem Kinde, nicht was man an das Kind heranbringt, das ist es, um was es sich bei uns handelt." (ebd.) Anthroposophie wird also nicht unterrichtet, Unterricht an Waldorfschulen ist (angewandte) Anthroposophie. Bereits die Klassen werden als „Schicksalsgemeinschaften" auf der Grundlage des anthroposophischen Menschenbildes zusammengesetzt. Die Temperamentenlehre bestimmt die Sitzordnung. Lerninhalte und -methoden sind auf die Jahrsiebtelehre abgestimmt, weshalb man den Schriftspracherwerb häufig ans Ende des ersten oder zu Beginn des zweiten Schuljahres ansetzt, weil die Kinder dann, mit dem Zahnwechsel, den Ätherleib entwickeln und die Bildekräfte zu wirken beginnen. Der Geschichtsunterricht folgt dem anthroposophischen Geschichts- und Menschenbild, weil die Kinder in ihrer Entwicklung die Entwicklung der Menschheit nachvollziehen, und so fort (vgl. Behauptung: Die Methoden der Waldorfschule sind an Erkenntnisse zur Kindesentwicklung angelehnt, die wissenschaftlich begründbar sind, S. 90).

Im Oktober 2017 stellte die Zeitschrift *Erziehungskunst* des *Bundes der Freien Waldorfschulen* bereits in der Überschrift eines Artikels die Gretchenfrage: „Waldorfschule ohne Anthroposophie?"[67] „Eine Schule ist dann eine Waldorf-/Rudolf-Steiner-Schule, wenn eine Majorität der Lehrer vom zündenden Geist lebt. Dieser macht Schweres leicht, Unmögliches möglich und erhellt das Dunkel", zitiert darin der Autor Andreas Dreibele aus einem Dokument der „Internationalen Konferenz der waldorfpädagogischen Bewegung". „Wie wahr es ist", fährt er fort, „der 'zündende Geist' soll im Kollegium leben. Das ist der Unterschied zwischen den Waldorfschulen und anderen Schulen: Dass sie versuchen, die Verbindung zwischen der geistigen und der irdischen Welt herzustellen. Ich kenne Lehrer, die schon oft die Erfahrung gemacht haben, dass es manchmal die allerletzte Möglichkeit ist, sich an seinen Engel zu wenden, um einem Schüler zu helfen. Es sind dadurch schon echte Wunder geschehen."

Der „zündende Geist" aus kosmischen Welten soll also die Lehrkräfte erhellen und wenn nichts mehr hilft, sorgen Engel als pädagogische Nothelfer für die benötigten Wunder im Schulalltag. Eine wissenschaftlich fundierte Pädagogik sieht anders aus.

●●● Fazit: Anthroposophie ist tatsächlich kein Unterrichtsfach. Die anthroposophischen Konzepte sind nicht Unterrichtsinhalt, sondern elementarer Teil des Menschenbildes und der Unterrichtsmethoden. Die Fächer und ihre Inhalte werden durch den Filter der Anthroposophie an die Kinder herangetragen. Es gibt anthroposophischen Mathematikunterricht, anthroposophischen Deutschunterricht, anthroposophischen Kunstunterricht usw. Insofern sollte man sich nicht täuschen lassen, wenn auf Waldorf-Informationsveranstaltungen beteuert wird, man unterrichte ja nicht Anthroposophie. Man behandelt die Kinder anthroposophisch und zumeist ohne die Eltern, geschweige denn die so behandelten Kinder, darüber aufzuklären. Darin liegt auch ein Grund, warum Waldorfabsolventen häufig glauben, in ihrem Unterricht hätte Anthroposophie kaum stattgefunden. Nicht selten mache ich die Erfahrung, dass Ex-Waldorfschüler oder deren Eltern sich erst durch kritische Informationen, im Nachhinein einen Reim auf den Unterricht machen können, den sie selbst erfahren haben. ●●●●●●●●●●●●●●●

2.5 Das pädagogische Konzept

●●● Behauptung: Die Methoden der Waldorfschule sind an Erkenntnisse zur Kindesentwicklung angelehnt, die wissenschaftlich begründbar sind. Die Waldorfpädagogik geht dabei mit ganz individuellem Blick auf jedes Kind besonders ein. ●●●●●●●●●●●●●●●● ●●●●●●

Die Waldorfpädagogik fußt auf der Anthroposophie und folgt in ihren Inhalten und Methoden dem anthroposophischen Menschenbild. Die Jahrsiebtelehre (Hüllenanthropologie) und die Temperamentenlehre sind ebenso zentraler Bestandteil der Waldorfpädagogik wie die Vorstellungen von Schicksal und Karma sowie einer kosmischen Evolutionskette.

Wie wir bereits gesehen haben, teilt Steiner die individuelle menschliche Entwicklung in der Hüllenanthropologie in „Leiber" (auch „Hüllen" oder „Wesensglieder") ein, die sich in Siebenjahresschritten entwickeln. Beim Schuleintritt mit 6 Jahren ist die erste Entwicklungsstufe „Physischer Leib" also noch nicht abgeschlossen. Im Laufe der Grundschulzeit entwickelt sich dann der „Ätherleib" und in der Mittelstufe, mit 14 Jahren der „Astralleib". Aus dieser für Außenstehende willkürlichen Zuschreibung leitet Steiner allerlei Schlüsse für die Waldorfpädagogik ab:

1. Physischer Leib (0-7 Jahre):
Während des ersten Jahrsiebts, also während der gesamten Kindergartenzeit und noch während des ersten Schuljahres, ist der Mensch in erster Linie von seiner Körperhülle umgeben. In dieser Zeit ahmt das Kind nach, was es in seiner Umwelt vorfindet. Was noch nicht angelegt ist, soll durch die kindliche Fantasie ergänzt werden – deshalb haben anthroposophische Puppen auch keine aufgemalten Gesichter. Bei den seelenlosen Fabrikpuppen wird die Fantasie dementsprechend nicht angeregt, was der kindlichen Entwicklung schadet.

Eltern, Erzieher und Pädagogen sollen nicht nur durch ihr konkretes Handeln ein gutes Vorbild sein, sondern auch mit ihren Gedanken, die nach Steiners Vorstellung auch auf das Kind wirken. Besonders schlechte, z. B. unzüchtige, Gedanken können der Gesundheit des Kindes schweren Schaden zufügen.[68]

Steiner glaubte, dass Kinder in diesem Alter noch keine bildliche Vorstellungskraft besitzen und nicht fühlen können, denn dies sind die Eigenschaften des Ätherleibs, der noch nicht geboren ist:

„Bis zum Zahnwechsel können Eindrücke, die an den Ätherleib kommen sollen, diesen ebenso wenig erreichen, wie das Licht und die Luft der physischen Welt den physischen Leib erreichen können, solange dieser im Schoße der Mutter ruht." (GA 34, S. 321)

Diese nur auf Hellsicht fußende Erkenntnis, führt in der Waldorfpraxis dazu, dass in der ersten Klasse sehr viel nachgeahmt wird. Beliebt ist es beispielsweise, die Kinder im Chor vorgesprochene Texte nachsprechen zu lassen. Auch in Mathematik setzt man auf Nachahmung. So verbindet man etwa Zählvorgänge mit Rhythmen, weil man auf diese Weise nicht den Verstand benutzt. Ein systematischer Aufbau eines Zahlen- und Mengenverständnisses wird durch die Engführung des Unterrichts auf kognitiv möglichst wenig anspruchsvolle Übungen zumindest erschwert.

Ohne bildliche Vorstellung kann man auch schlecht Lesen und Schreiben lernen. Deshalb wird Lesen und Schreiben an Waldorfschulen häufig erst zum Ende der ersten Klasse, manchmal sogar erst in der zweiten Klasse, gelehrt. Stattdessen übt man mit den Kindern Formenzeichnen, um die Motorik der Hand zu schulen. Es ist jedoch längst keine Ausnahme, dass Kinder mit Eintritt in die Grundschule, aller anthroposophischer Entwicklungspsychologie zum Trotz, bereits Lesen und Schreiben können. Ein Umstand, der an Waldorfschulen nur sehr ungern gesehen wird, denn man befürchtet, dass die zu frühe Beschäftigung mit dem Schreiben der Gesundheit im (bzw. in) weiteren Leben abträglich ist. Erziehungswissenschaftler bemängeln, dass man leistungsstarke Kinder bei Schuleintritt an Waldorfschulen aus weltanschaulichen Gründen systematisch unterfordert.

2. Ätherleib (7-14 Jahre)

Der Ätherleib wird mit ungefähr sieben Jahren, nach dem Zahnwechsel, geboren und in den folgenden Jahren ausgebildet. Mit den Zähnen beginnen beim Kind die „Bildekräfte" zu wirken. Die Bildekräfte sind gestaltverwandelnde ätherische Universalkräfte, die allerdings nur übersinnlich, durch die Ausbildung geistiger Sinnesorgane, wahrgenommen werden können. Das Kind ist in diesem Alter nach anthroposophischer Vorstellung noch nicht in der Lage, begrifflich zu denken. Stattdessen soll der Lehrer oder die Lehrerin durch Bilder und geistige Vorstellung wirken.[69]

Daher ist es aus anthroposophischer Perspektive nur konsequent, dass die Naturwissenschaften in Waldorfschulen bis zur neunten Klasse ein Schattendasein führen. Zwar stehen auch Chemie und Physik ab der 7., bzw. 8. Klasse auf dem Lehrplan, sie sollen aber anfangs als Anschauungsunterricht eher Erlebnischarakter haben. Das heißt, Experimente werden durch die Lehrkraft durchgeführt, ohne die naturwissenschaftlichen Hintergründe zu vermitteln. Anstatt den Kindern beispielsweise etwas über den Aufbau von Pflanzen beizubringen, liegt der Fokus eher darauf, sich Pflanzen anzusehen, um diese schön zu finden, sie vielleicht zu zeichnen oder Geschichten über Pflanzen zu hören. Häufig werden die Inhalte auch nur als Metapher benutzt. Die Metamorphose des Schmetterlings soll den Kindern beispielsweise das Konzept der Unsterblichkeit der Seele und der Reinkarnation näherbringen (vgl. Behauptung: Waldorfschulen erziehen zum kritischen Denken, S. 99). Die naturwissenschaftliche Perspektive kommt dabei deutlich zu kurz, wenn sie überhaupt vorkommt. Das Anbahnen naturwissenschaftlicher Methoden findet sich hingegen bereits in den Grundschullehrplänen staatlicher Schulen. Eine Chance kindlicher Neugierde und den Fragen, die Kinder an die Welt haben, mit wissenschaftlich-kritischen Methoden zu begegnen, wird so sträflich vertan. So plausibel es klingt, dass das Lernen, gerade in den unteren Klassenstufen, vor allem anschaulich sein sollte, so abwegig erscheint es, Kindern weiterhin die Fähigkeit abzusprechen, Sachverhalte kognitiv zu verstehen.

Großen Wert legt Steiner in dieser Lebensphase auf die unbedingte Autorität des Klassenlehrers: „Der Ätherleib gewinnt seine Kraft, wenn seine geregelte Phantasie sich richten kann nach dem, was sie sich an den lebenden oder dem Geiste vermittelten Bildern und Gleichnissen enträtseln und zu seiner Richtschnur nehmen kann. (…) Wie für die ersten Kinderjahre Nachahmung und Vorbild die Zauberworte der Erziehung sind, so sind es für die jetzt in Rede stehenden Jahre: Nachfolge und Autorität." (GA 34, S. 329)

Hier geht es um unbedingten Gehorsam und Identifikation mit dem Lehrer. Die Entwicklung der eigenen Urteilskraft, wie sie beispielsweise ein Kernanliegen der neueren Sachunterrichtsdidaktik ist, ist nicht vorgesehen, stattdessen sollen die Schüler manipuliert werden: „Es handelt sich nicht darum, daß das Kind über alles sofort ein Urteil bildet, sondern daß es zwischen dem 7. und 15. Jahre das, was es aufnehmen soll, aufnimmt aus Liebe, aus Autorität zum Erzieher." (GA 294, S. 54)

Anthroposophen meinen auch, von den Zähnen auf die Bildekräfte schließen zu können. Der Anthroposoph und Waldorfpädagoge Rudolf Grosse schreibt beispielsweise: „Was uns im Zahngebiet entgegen kommt, sind ganz offensichtlich die Äußerungen von Bildekräften ganz differenzierter Natur; es lässt sich daher von den Zähnen auf die Bildekräfte selbst zurückschließen." Über einen leistungsschwachen Schüler äußert sich Grosse beispielsweise so: „Die Zähne sind gelblich-bräunlich, die Schneidezähne schief gestellt und stark gezackt, die Zahnbildung kümmerlich, im Gaumenfeld des Oberkiefers sowie auf der Innenseite des Unterkiefers wachsen außerhalb der Zahnbögen einige Zähne in sich. Der kariöse Zustand ist schrecklich. Der Gesamteindruck ist chaotisch, schwächlich, der Aufbau fundamental gestört."[70] Zwei Sachverhalte werden nebeneinandergestellt, ein kausaler Zusammenhang behauptet und das Ergebnis als Menschenkunde verkauft. Man gibt vor, eine ganzheitliche Sicht auf das Kind zu haben, dabei operieren anthroposophische Lehrer mit Projektionen, Zuschreibungen von Charaktereigenschaften und Schicksalen, die sie aus geistigen Welten ableiten, die niemandem außer ihnen zugänglich sind. Man verbindet also willkürlich physiognomische Gegebenheiten wie Zähne und Zahnstand mit Eigenschaften wie z. B. einem unterentwickelten räumlichen Vorstellungsvermögen.

3. Astralleib (14-21 Jahre)
So wie Steiner die Geburt des Ätherleibes an den Zahnwechsel koppelt, hängt für ihn die Geburt des Astralleibes mit der Geschlechtsreife zusammen. Erst jetzt darf der Waldorfunterricht wissenschaftlichen Charakter haben. „Kulturkritik" ist aber laut Steiner nicht statthaft, was in der Praxis einem Verbot kritischen Denkens gleichkommt, denn zur Kultur zählt alles vom Menschen geschaffene, wie Wissenschaft, Kunst, Musik, Pädagogik, Politik, Wirtschaft, Technik, gesellschaftliches Zusammenleben usw.

In diesen Vorstellungen über kindliche Entwicklungsstufen liegt der eigentliche Grund für die stark musisch/künstlerische Ausrichtung des Waldorfunterrichts, die häufig mit der Waldorfpädagogik assoziiert wird. Sie stellt den Versuch dar, Verstand und Kritikfähigkeit der Kinder möglichst wenig anzusprechen, um ihnen in ihrer Entwicklung keinen Schaden zuzufügen.

Die Hüllenanthropologie ist für Anthroposophen eine Art kosmischer Fahrplan, an den sich der Mensch in seiner individuellen Entwicklung hält. Verspätungen oder schneller fahrende Entwicklungszüge haben in dieser Vorstellung keinen Platz.

Temperamentenlehre

Individuelle Persönlichkeitsmerkmale werden in der Anthroposophie durch die Temperamentenlehre in die vier Temperamentstypen, cholerisch, sanguinisch, phlegmatisch und melancholisch eingeteilt. Diese unterscheiden sich durch den Grad der äußeren Erregbarkeit und durch die Wirkung nach innen. Die stärkste Erregbarkeit mit der höchsten Rückwirkung zeigt demnach der Choleriker, die geringste Erregbarkeit und Rückwirkung kennzeichnet den Phlegmatiker. Beim Sanguiniker treffen hohe Erregbarkeit mit geringer Rückwirkung und beim Melancholiker geringe Erregbarkeit mit starker Rückwirkung zusammen.

	hohe Erregbarkeit	geringe Erregbarkeit
starke Rückwirkung	cholerisch	melancholisch
geringe Rückwirkung	sanguinisch	phlegmatisch

Das Temperament entsteht ausgehend von der Reinkarnationslehre durch eine Vermischung von vererbten Eigenschaften mit dem, was aus den „kosmisch-geistigen Welten" in den physischen Leib inkarniert.

„Dadurch nun, daß zwei Strömungen im Menschen zusammenfließen, wenn er hineintritt in die physische Welt, dadurch entsteht eine verschiedene Mischung der vier Wesensglieder des Menschen, und eines erhält sozusagen die Herrschaft über die anderen und drückt ihnen die Färbung auf." (GA 57, S. 57 f.)

Steiner glaubte schon von der physischen Gestalt auf charakterliche Merkmale schließen zu können und schreibt den Temperamentstypen nicht nur Charaktereigenschaften, sondern auch physische Merkmale und bestimmte Krankheitsdispositionen zu.

Welches Temperament bei einem Menschen vorherrscht, ergibt sich aus dem Verhältnis der vier Wesenskräfte (physisch, ätherisch, astralisch und geistig), die uns auch schon bei der Hüllenanthropologie (Kapitel 1.4.3) begegnet sind.

Herrscht der physische Leib vor, so hat der Mensch ein melancholisches Temperament, beim Phlegmatiker dominiert der Ätherleib, beim Sanguiniker der Astralleib und beim Choleriker das „Ich".

Der dominante physische-Leib wirkt beim Melancholiker körperlich auf das System der Gliedmaßen. Melancholiker sind eher groß gewachsen und schlank.

„Beim Melancholiker haben wir gesehen, daß der physische Leib, also das dichteste Glied der menschlichen Wesenheit, der Herr wird über die anderen. Immer, wenn der dichteste Teil Herr wird, dann fühlt das der Mensch so, daß er nicht Herr ist darüber, daß er ihn nicht handhaben kann. Denn der physische Leib ist das Instrument, das er durch seine höheren Glieder überall beherrschen soll; jetzt aber herrscht dieser physische Leib, setzt dem anderen Widerstand entgegen. Das empfindet der Mensch als Schmerz, Unlust, als die trübselige Stimmung des Melancholikers. Es ist immer ein Aufsteigen von Schmerzen da. Von nichts anderem rührt diese Stimmung her, als daß der physische Leib der innern Behaglichkeit des Ätherleibes, der Beweglichkeit des Astralleibes und der Zielsicherheit des Ichs Widerstände entgegenstellt." (GA 57, S. 279 f.)

Der vom Ätherleib dominierte Phlegmatiker ist laut Steiner wohlbeleibt und durch schleppenden Gang gekennzeichnet. Der Ätherleib wirkt bei ihm vor allem auf das Drüsensystem. „Es kommt das in innerer Behaglichkeit zum Ausdruck. Je mehr der Mensch in seinem Ätherleib lebt, desto mehr ist er in sich selber beschäftigt, und läßt die äußeren Dinge laufen. Er ist in seinem Innern beschäftigt." (ebenda)

„Beim Choleriker ist vorzugsweise das Ich und das Blutsystem vorherrschend." (ebenda) Er will sich unter allen Umständen durchsetzen. „Von der Zirkulation des Blutes schreibt sich alles Aggressive des Cholerikers her, alles was mit der starken Willensnatur des Cholerikers zusammenhängt. Im Nervensystem und Astralleib sind die auf- und abwogenden Empfindungen und Gefühle. Nur dadurch, daß diese durch das Ich gebändigt werden, kommt Harmonie und Ordnung hinein. Würde er sie nicht durch sein Ich bändigen, so würden sie auf- und abfluten, ohne daß man bemerken könnte, der Mensch übt irgendeine Herrschaft über sie aus." (ebenda) Dem erforderlichen Durchsetzungswillen ist es wohl auch geschuldet, dass Steiner in vielen großen Persönlichkeiten Choleriker zu erkennen glaubt. „Johann Gottlieb Fichte zum Beispiel, der deutsche Choleriker, ist schon äußerlich als solcher kenntlich. Er verriet schon äußerlich deutlich im Wuchs, daß die anderen Wesensglieder zurückgehalten worden sind. Oder ein klassisches Beispiel eines Cholerikers ist Napoleon, der so klein geblieben ist, weil das Ich die anderen Wesensglieder zurückgehalten hat." (ebenda)

Sanguiniker beschreibt Steiner als sprunghaft, hüpfend und von feingliedriger, schlanker Gestalt. Er ordnet sie dem Luftelement zu. Bei ihnen ist das Nervensystem dominant. Sanguiniker sind im Gegensatz zu Cholerikern eher blutarm und bleich. „Was tritt ein, wenn ein Mensch blutarm, bleichsüchtig ist, wenn der Bändiger nicht da ist? Dann tritt ein zügelloses Auf- und Abfluten der Bilder; Illusionen, Halluzinationen treten auf. Einen kleinen Anflug davon haben wir beim Sanguiniker. Der Sanguiniker kann nicht bei einem Eindruck verweilen, er kann nicht festhalten an einem Bilde, er haftet nicht mit seinem Interesse an einem Eindruck. Er eilt von Lebenseindruck zu Lebenseindruck, von Wahrnehmung zu Wahrnehmung." (ebenda)

Für den Waldorfpädagogen ist es nicht damit getan, um die Temperamente zu wissen, denn Steiner leitet für jedes Temperament eine entsprechende Behandlung ab. Zwar ist das vorherrschende Temperament eine wesensbestimmende, konstitutive Begebenheit, die einseitige Dominanz eines Wesensgliedes kann jedoch zu einem Ungleichgewicht der körperlichen Organisation und damit zu Krankheiten führen.

Um dem entgegenzuwirken, ist der Waldorfpädagoge angehalten, die Sitzordnung in der Klasse nicht etwa nach naheliegenden Kriterien wie persönlichen Freundschaften, Leistungsvermögen oder ähnlichem auszurichten. Die Schüler werden stattdessen, je nach erkannten Temperamenten geordnet, in einheitlichen Gruppen zusammengesetzt. Choleriker und Phlegmatiker außen, Sanguiniker und Melancholiker innen. Dadurch, dass ähnliche Charaktertypen zusammensitzen, soll diese Einseitigkeit allmählich überwunden werden, ihr dominantes Temperament soll sich gewissermaßen abschleifen. Indem sich die Choleriker mit ihrem Jähzorn aneinander abreagieren, gelangen sie demnach allmählich zur inneren Einsicht, dass man den Jähzorn besser kontrollieren sollte.

Den nach Temperamenten im Klassenraum geordneten Schülergruppen, soll sich die Lehrkraft dann nacheinander zuwenden und dabei die entsprechend vorgesehenen Erziehungsmittel und -inhalte einsetzen. Sanguiniker brauchen „Liebe zu einer Persönlichkeit", einem Choleriker „müssen besonders solche Gegenstände in den Weg geführt werden, die ihm Widerstand entgegensetzen".

●●● Fazit: Die Waldorfpädagogik arbeitet auf der Grundlage esoterischer Kategorisierungen, die mit moderner Entwicklungspsychologie oder wissenschaftlichen Lehr-Lern-Theorien nichts gemein haben. Die anthroposophischen Grundlagen der Waldorfpädagogik wirken dabei aus Lehrersicht komplexitätsreduzierend, stehen aber den Lehr- und Lernprozessen durch ihre unbegründeten Vereinfachungen im Weg. Es entsteht eine Pädagogik, die nach dem Schubladenprinzip funktioniert. Um in diesem Bild zu sprechen, findet der Waldorfpädagoge für jedes Jahrsiebt der Kinder eine Schublade vor. In jeder Schublade sind vier Fächer mit den Temperamenten und in jedem Fach liegt die erforderliche Behandlung für das jeweilige Kind bereit. Es wird sofort deutlich, dass diese Pädagogik eben nicht vom Kind ausgeht, sondern von der esoterischen Weltanschauung.

Es besteht zudem die Gefahr, Kinder (bewusst oder unbewusst) auf einmal „erkannte" Eigenschaften im Sinne einer selbsterfüllenden Prophezeiung festzulegen. Der Waldorfpädagoge sieht auf diese Weise das Kind nicht wie es ist, sondern so wie er schon immer wusste, dass es zu sein hat. ●●●●●●●●●●●●●●●●●●●●●●●

2.6 Nachfolge und Autorität statt kritisches Denken

●●● Behauptung: Waldorfschulen erziehen zum kritischen Denken. ●●●●●●●●●●●●●●●●●●●●●●●●●

Dass Waldorfschulen zum kritischen Denken erziehen, äußern auch (ehemalige) Waldorfschüler und die sollten es schließlich am besten wissen. Ob man andererseits in der Lage ist, ein kritisches Urteil zu fällen, wenn man es eben nicht gelernt hat, darf bezweifelt werden.

Nach der anthroposophischen Entwicklungspsychologie sind die Erziehungsmaximen in den ersten acht Schuljahren nach der Geburt des Ätherleibs Nachfolge und Autorität (vgl. Behauptung: Die Methoden der Waldorfschule sind an Erkenntnisse zur Kindesentwicklung angelehnt, die wissenschaftlich begründbar sind, S. 90). Diese stehen im Gegensatz zur Entwicklung von Kritikfähigkeit. Sie sollen nicht durch Zwang erreicht werden, sondern durch „kunstvolle Überredung" (Prange). Steiner sagt: „Es gehorcht von selbst. Durch dieses Hinhören auf den, der diese Methode handhabt, infiltriert sich das Kind mit dem, was dann als Autoritätsgefühl herauskommen soll. Jedes künstliche Abrichten zum Autoritätsgefühl soll durch das Methodische selbst ausgeschlossen werden." (GA 294, S. 15)

Die Kinder sind vor der Geburt des Astralleibes nach zweifelhafter anthroposophischer Ansicht nicht in der Lage, begrifflich zu denken. Viele Erklärungen und der Versuch, dass sich die Schüler verstandesmäßig den Inhalten nähern, wird als tendenziell schädlich angesehen. Zuviel kognitive Eigenleistung führt nach Steiners Vorstellungen zur Überbetonung des Verstandes und damit zum Materialismus, der mit dämonischen ahrimanischen Kräften assoziiert wird.

Steiner gibt in seinen Vorträgen einige Unterrichtsbeispiele. Dabei fällt auf, dass es ihm nicht darum geht, den Kindern systematisches Wissen zu vermitteln, sondern über Bilder bestimmte Vorstellungen zu wecken, bzw. vom Lehrer auf die Schüler zu übertragen. So ist die Metamorphose des Schmetterlings in diesem Unterricht kein Thema, das unter den, auch für Kinder faszinierenden, naturwissenschaftlichen Gesichtspunkten betrachtet wird. Sie wird zur Folie, um den Kindern die Unsterblichkeit der Seele, die in diesem Bild als Schmetterling aus der Puppe schlüpft, und die Reinkarnation bildlich zu vermitteln.

Im Waldorf-Ideen-Pool, einer Internetseite für Waldorfmaterial, bekommt man einen Eindruck davon, wie man es vor allem in den unteren Jahrgangsstufen vermeidet, systematisches Wissen zu vermitteln. Im Fach Pflanzenkunde (nicht etwa in Religion) ist in einem gescannten Epochenheft die Zeichnung eines Schmetterlings und eines Löwenzahns zu sehen. Dazu der Steiner-Spruch: „Schaue die Pflanze: Sie ist der von der Erde gefesselte Schmetterling. – Schaue den Schmetterling: Er ist die vom Kosmos befreite Pflanze."[71] Was Schmetterling und Löwenzahn miteinander zu tun haben sollen, wird hingegen nicht erklärt. Märchenbilder ersetzen die Lerngegenstände. Klaus Prange bezeichnet diese Art der Pädagogik als „Weihnachtsmannpädagogik". Sie führe ein „in die Bilderwelt, als ob sie unmittelbar wahr seien, sozusagen Fotografien des Absoluten".[72]

●●● Fazit: Die Waldorfmethode ist denkbar wenig geeignet, um wissenschaftlich-kritisches Denken zu vermitteln. Nach anthroposophischer Lesart ist kritisches Denken geradezu gesundheitsschädigend. Es ist zwar nicht grundsätzlich auszuschließen, dass man aus zweifelhaften Gründen zum Ergebnis, hier kritisches Denken, gelangt, es stellt sich aber die Frage, wie eine Pädagogik in deren Zentrum der Glaube an okkulte übersinnliche Wahrheiten steht, zu einem rationalen Weltbild führen soll (vgl. 1.9 Anthroposophie und Verschwörungsdenken). Kritisches Denken erfordert selbstreflexives Vorgehen und, zumindest anfangs, auch Anleitung und Erklärung, die in der Praxis der Waldorfpädagogik nicht zu finden sind. ●●●●●●●●●●●●●●●

2.7 Kunst-Erziehung an Waldorfschulen

●●● Behauptung: An Waldorfschulen wird großer Wert auf Ästhetik gelegt und Kunst, Musik, Tanz und Theater usw. haben einen großen Stellenwert. ●●●●●●●●●●

Es wäre unfair, wenn man in Abrede stellte, dass Waldorfschulen im ästhetischen Bereich tatsächlich einen Schwerpunkt setzen. Regelmäßig führen Waldorfklassen Theaterstücke auf, an vielen Waldorfschulen gibt es Schulorchester, der anthroposophische Tanz Eurythmie (vgl. Behauptung: Eurythmieunterricht ist Tanzunterricht und als Bewegungsform in der Schule positiv zu bewerten, S. 113) ist Pflichtfach, es gibt handwerklichen Unterricht und natürlich wird auch gemalt. Einwenden lässt sich, dass man all dies auf anthroposophische Art tut. Wer einmal eine Waldorfeinrichtung von innen gesehen hat, dem wird auffallen, dass alle Bilder mehr oder weniger gleich aussehen und dass sich die Bilder auch zwischen den Einrichtungen gleichen. Gemalt wird meist mit Aquarelltechnik, mit nasser Farbe auf Papier. Auch hier ist die unterrichtliche Praxis durch Steiners Vorgaben geprägt: „Jetzt will ich euch etwas mitteilen, was ihr noch nicht ganz gut verstehen könnt, was ihr aber einmal gut verstehen werdet: was wir da oben gemacht haben, dass wir blau neben gelb gesetzt haben, das ist schöner, als was wir da unten gemacht haben, wo wir grün neben gelb gesetzt haben; blau neben gelb ist schöner als grün neben gelb!" (GA 294, S. 58)

Für die Musik schreibt Steiner für die unteren Jahrgänge pentatonische Musik vor, bei der die Tonleiter aus fünf Tönen besteht. Steiner behauptet sogar, es gäbe einen Zusammenhang zwischen dem Knochenbau des Menschen und der Tonskala. Unausgesprochen setzt er dabei die europäische Tonskala absolut. „Man muss hiernach wohl annehmen, dass die Musik nicht-europäischer Kulturen mit ihren anderen Intervallsystemen entweder auf einem anderen Knochenbau beruht, oder dass das, was da klingt und singt, keine Musik als Entsprechung des Armbaus ist." Ohnehin ist jeder Unterricht an Waldorfschulen nach anthroposophischer Ansicht Kunst – Erziehungskunst. Dieser Unterricht als Gesamtkunstwerk braucht den Lehrer als autoritären Dirigenten, der alle Fäden in der Hand hält und alles zusammenführt.[73]

Es geht weder dem Unterricht an Waldorfschulen im Allgemeinen noch dem Unterricht in den künstlerischen Fächern um Kreativität und schon gar nicht um ein kritisches Kunstverständnis (vgl. Behauptung: Waldorfschulen erziehen zum kritischen Denken, S. 99). Es geht um Nachahmung, nicht um Selbstentfaltung, was auch mit der Hüllenanthropologie begründet wird.[74] Im zweiten Jahrsiebt wirken die Bildekräfte des Ätherleibs, deshalb soll der Unterricht bildhaft darstellend sein und bleiben, abstrakte Begriffe schaden nur.

●●● Fazit: So richtig das Selber-Tun auch ist und so sehr es helfen kann, einen Zugang zu den Künsten zu finden, so falsch erscheint es, es nur dabei zu belassen. Zum künstlerischen Prozess gehören eben auch kritische Reflexion und Kunstverständnis. Ein Blick in die Kulturgeschichte der Künste der letzten Jahrhunderte

zeigt, dass große Kunst meist auf dem Nährboden großen Kunstverständnisses gedeiht. Beethoven kannte die
Musik Bachs und schöpfte Inspiration aus ihr.

So gibt die Waldorfpädagogik paradoxerweise den
Künsten zwar breiten Raum, beraubt sie aber, vor allem
in den unteren Jahrgängen, durch reine Reproduktion des
Künstlerischen. Das Ergebnis ist vor allem in den bilden-
den Künsten häufig Kitsch, dem es am persönlichen Anteil der Schüler fehlt. Am ehesten funktioniert die Waldorfmethode meiner Meinung nach beim Theater, denn
dort geht es in der Regel darum, dramatischen Text zu
reproduzieren und jede darstellende Reproduktion bein-
haltet zwangsläufig auch eine Interpretation. Insgesamt
gesehen ist aber auch der künstlerische Unterricht durch
die esoterischen anthroposophischen Vorstellungen geprägt und begrenzt. ●●●●●●●●●●●●●●●●●●●●●●●●

2.8 Das Klassenlehrer-Modell

●●● Behauptung: Die lange Zeit mit dem Klassenlehrer
als fester Bezugsperson tut den Kindern einfach gut. ●●●

An Waldorfschulen werden die Kinder in den ersten acht
Schuljahren in der Regel von der gleichen Klassenlehrkraft
unterrichtet. Auf seiner Homepage schreibt der *Bund der
Freien Waldorfschulen* dazu:

„Inzwischen ist wissenschaftlich gut erforscht, dass eine
vertrauensvolle Beziehung die wichtigste Basis für das Lernen ist. So können Kinder sich in einer Gemeinschaft, die
von Beständigkeit und Rhythmus geprägt ist, gut und gesund entfalten. Um ihnen darin eine verlässliche Stütze zu
sein, begleitet ein Waldorf Klassenlehrer 'seine' Klasse nach
Möglichkeit sechs bis acht Jahre lang und unterrichtet jeden
Morgen mindestens die ersten beiden Stunden eines Schul-

vormittags. In wechselnden 'Epochen' bringt er den Schülern jeweils über mehrere Wochen den Stoff unterschiedlicher Themengebieten nahe. Dabei lernt er seine Schüler sehr gut kennen und kann individuell auf ihre Stärken und Schwächen eingehen."[75]

Nun sind Waldorflehrer aus anthroposophischer Sicht nicht nur pädagogisches Personal, sowenig wie die Kinder einfach Kinder sind oder die Klasse einfach eine Klasse ist. Jedes Kind bringt sein Karma aus dem vorherigen Leben mit. Die Aufgabe des Lehrers ist es, dieses Karma zur Entfaltung zu bringen. Der Lehrer schmiedet dabei mit den Schülern eine „Schicksalsgemeinschaft", die auf acht Jahre angelegt ist. Darin liegt auch der eigentliche Grund, warum es an Waldorfschulen kein Sitzenbleiben gibt.[76]

Die Auswahl- und Zuteilungskriterien des staatlichen Schulwesens beruhen auf Gesetzen und Verordnungen, sie sind transparent und ihre Beachtung kann auch auf rechtlichem Weg eingefordert werden. An Waldorfschulen hingegen wählt sich der Klassenlehrer vor Beginn der ersten Klasse seine Schüler aus, bzw. nach anthroposophischer Lesart versucht er zu erkennen, welche Schüler ihm das Schicksal zugeteilt hat. Das Schicksal ist jedoch genauso wenig einklagbar wie die Intuition der Waldorflehrkraft. Rechtlich möglich ist dies, weil sich die privaten Waldorfschulen ihre Schüler im Gegensatz zur staatlichen Schule aussuchen dürfen.

Die Machtfülle des Waldorf-Klassenlehrers fasst Klaus Prange treffend in folgenden drei Punkten zusammen:

„Als erstes gilt, dass der Lehrer nicht nur Schüler hat, sondern er ist ihr Schicksal, so wie zweitens das Schicksal ihm eben diese Kinder in die Hand gegeben hat, damit beide eine Schicksals- und Werdegemeinschaft bilden, indem sie aufeinander zugehen und zusammen wachsen. Das ist das dritte, was in der Erziehung geboten ist. Und zuletzt bedarf dieser Schicksalsbund noch einer Garantie, die ihn vor den Einreden einer unverständigen Zeit und auch vor dem tö-

104

richten Ehrgeiz der Eltern schützt: Das ist die Pädagogische Freiheit."[77]

Man merkt, dass es hier um mehr geht, als um eine stabile Beziehung, wie der *Bund der Freien Waldorfschulen* schreibt. Der Grund liegt vielmehr in der metaphysisch-religiösen Überhöhung des Lehrerberufs, die Zander mit mehreren Steiner-Zitaten belegt:

„'Der Erzieherberuf [werde sich] umwandeln lassen … zum ganz wahrhaften Priesterberuf' (GA 310 4, 36 f.). 'Dem irdischen Leben haben wir zu übergeben, was aus den göttlich-geistigen Welten uns zugekommen ist in dem Kinde. … Wenn wir diese Verhältnisse bedenken, dann erwacht in uns etwas wie das priesterliche Erziehergefühl' (GA 308 4,31). Die Lehrer haben 'die göttlichen Pläne mit der Welt zu verwirklichen', 'die Intentionen der Götter aus[zu]führen' (GA 300a,111). Und der Lehrer wird bei Steiner zum 'Propheten' (GA 298,28)."[78]

Damit der Einfluss des Lehrers maximiert und äußere Einflüsse auf die Schicksalsgemeinschaft minimiert werden, soll auch auf Schulbücher und andere Medien vor allem in den ersten Jahren verzichtet werden. Alles, was an das Kind herangetragen wird, soll durch den Lehrer „geflossen" sein.

Das heißt für eine Waldorf-Klassenlehrkraft, dass sie den Stoff aller Fächer für die Kinder aufbereiten muss, egal ob sie das Fach studiert hat oder nicht, egal ob sie dem Fach zu- oder abgeneigt ist. Hier liegt eine geradezu zwangsläufige und unverantwortliche Überforderung von Lehrkräften, die sich auch in den (durchweg anthroposophienahen) wissenschaftlichen Untersuchungen zeigt.[79] Die Überforderung von Klassenlehrern wird inzwischen auch waldorfintern immer mehr erkannt und thematisiert, ohne die achtjährige Klassenlehrerzeit jedoch grundsätzlich in Frage zu stellen. Stattdessen werden eher Unterstützungssysteme, z. B. durch Doppelbesetzungen mit Fachlehrern angeregt, die in der Praxis aber an der Finanzierbarkeit scheitern dürften.

Auch an staatlichen Grundschulen gibt es ein starkes Klassenlehrerprinzip und Lehrkräfte sind häufig gezwungen, fachfremd zu unterrichten. Dabei kann es sehr hilfreich und entlastend sein, sich eng an einem Lehrwerk zu orientieren, das didaktisch gut durchdacht und strukturiert ist. Es ist schwer vorstellbar, dass eine Lehrkraft ohne eine solche Stütze den Stoff (mehr oder weniger) aller Fächer bis einschließlich der achten Klasse in solcher Tiefe beherrscht, dass ein gelingender Unterricht möglich ist.

Ein weiterer Einwand gegen eine derart lange Klassenlehrerzeit lässt sich mit Blick auf die Beziehungsebene erheben. Dass die spätere Erinnerung an Lehrkräfte emotional sehr unterschiedlich gefärbt sein kann, dürften die meisten in ihrer Biografie selbst erfahren haben. Belastete und als belastend empfundene Schüler-Lehrer-Beziehungen werden sich in der Praxis nicht vermeiden lassen und können an Waldorfschulen ein großes Problem darstellen. Während die Schule einem Schüler einseitig kündigen kann, sind die Schüler an ihren Klassenlehrer gebunden. Da kann es einen entscheidenden Unterschied machen, ob man einem Lehrer wenige Stunden pro Woche begegnet, mit der Möglichkeit eines Wechsels zum nächsten Schuljahr, oder acht Jahre lang in einem Großteil der Wochenstunden. Nicht zuletzt kann sich die Abwechslung auch positiv auf das Lernen und die Beziehung zwischen Klasse und Lehrkraft auswirken, die sich ergibt, wenn über den Schultag mit den Fächern auch die Lehrperson wechselt.

●●● Fazit: Eine stabile Schüler-Lehrerbeziehung ist besonders in den ersten Schuljahren unbestritten wichtig, ein Klassenlehrerwechsel kann aber in bestimmten Fällen auch eine neue Chance bedeuten. Klassenlehrkräfte an Waldorfschulen sind häufig hoch belastet und systematisch überfordert, insbesondere in den höheren Jahrgängen. Dies kann negative Auswirkungen auf die Qualität der Schüler-Lehrer-Beziehung und des Unterrichts im Allgemeinen haben.

Insbesondere wenn das Verhältnis zwischen Schüler und Lehrer belastet ist, kann die lange Klassenlehrerzeit verbunden mit dem hohen Anteil erteilter Wochenstunden zu einem Gefühl des Ausgeliefertseins führen, das durch die weitreichenden Befugnisse bei minimaler Kontrolle des Lehrers im Waldorfsystem noch verstärkt wird. Hier mag ein möglicher Grund für die hohe Aussteigerquote an Waldorfschulen liegen (vgl. Behauptung: Waldorfschüler sind insgesamt zufriedener als Schüler an staatlichen Schulen, S. 107). ●●●●●●●●●●●●●●●●●●●●

2.9 Zufriedenheit von Waldorfschülern

●●● Behauptung: Waldorfschüler sind insgesamt zufriedener als Schüler an staatlichen Schulen. ●●●●●

Es ist nicht einfach, belastbare Aussagen über die Zufriedenheit von Schülern zu treffen und dabei einen Vergleich zwischen unterschiedlichen Schularten anzustellen. Das liegt vor allem an der mangelhaften Datenlage. Zwar erschienen 2007 und 2012 empirische Untersuchungen[80] zu Bildungserfahrungen an Waldorfschulen, die von anthroposophischen Interessengruppen finanziert und unter Beteiligung der anthroposophischen Privat-Universität Witten/Herdecke durchgeführt wurden. Ein aussagekräftiger Vergleich der Ergebnisse der quantitativen Erhebungen mit Datensätzen von immerhin 1124 (2007), bzw. 827 Schülern ist aber leider nicht möglich, weil ein brauchbarer Vergleichsdatensatz für Schüler an staatlichen Schulen fehlt, der es ermöglichen würde, die Effekte, die im Elternhauses begründet liegen, wie z. B. Haushaltseinkommen oder Bildungshintergrund, einzubeziehen. Für die Studie von 2012 wurde ein Vergleichsdatensatz herangezogen, der sich auf Gesamtschüler in Hessen bezieht. Die Elternhäuser dürften sich in Bezug auf relevante Größen aber erheblich unterscheiden.

Ein interessanter Befund der Studie von Liebenwein, Barz und Randoll aus dem Jahr 2012 ist, dass ein erheblicher Teil der Schüler die Waldorfschule nicht ab der ersten Klasse besucht. Die Quereinsteigerquote liegt zwischen 45,2% und 58,9%. (Die breite Streuung erklärt sich, weil bei 13,7% der Fragebögen keine Antwort zu dem entsprechenden Item vorlag.)

Waldorfklassen sind jedoch in aller Regel voll, denn kleinere Klassen wären unwirtschaftlich. Den Quereinsteigern an Waldorfschulen wird demnach eine ähnlich hohe Zahl an Waldorfaussteigern gegenüberstehen, die aber in keiner Statistik auftauchen. Es darf zudem vermutet werden, dass bei einem signifikanten Teil der Waldorfaussteiger Unzufriedenheit mit der Schule, neben anderen Faktoren, wie z. B. Umzug oder Schulgebühren, eine Rolle spielt. Es wäre sicher aufschlussreich, mehr über die Beweggründe dieser Schüler zu erfahren, die Waldorfschule zu verlassen, insbesondere weil Waldorfschüler bei einem Wechsel an eine staatliche Schule in der Regel ein Schuljahr verlieren. Ich würde auf der Grundlage zahlreicher Berichte, die mich auf unterschiedlichen Wegen erreicht haben, vermuten, dass sehr häufig auch Mobbingerfahrungen zum Schulwechsel führen, in der Regel auch verbunden mit dem systematischen Versagen der Schule, damit umzugehen.

Ein Vergleich von Lernfreude und Schulzufriedenheit erscheint letztendlich schon deshalb sinnlos, weil ein Schüler einer staatlichen Schule bei Unzufriedenheit nicht einfach kündigen kann und die staatliche Schule nicht einfach dem Schüler, der sich als schwierig erweist. Dass Waldorfschulen keine Inseln der Glückseligkeit sind, bei denen gesellschaftliche Probleme vor dem Schultor halt machen, kann man den Studien aber auch so entnehmen. Schüler an Waldorfschulen machen zum Beispiel genauso häufig, teilweise sogar häufiger, Gewalterfahrungen, wie Schüler staatlicher Schulen.[81]

Je nach Fach fühlen sich 22 bis 27,8% der Waldorfschüler unterfordert. Gleichzeitig nehmen Waldorfschüler aber auch erheblich häufiger Nachhilfe als Regelschüler. Während fast die Hälfte (45,9%) der Waldorfschüler gelegentlich oder regelmäßig Nachhilfe in Anspruch nimmt, sind es laut Shell-Jugendstudie (2010) nur rund ein Viertel (24%) aller Jugendlichen. Dieser Umstand führt häufig zu Unmut, wie die Aussage einer Waldorfmutter zeigt:

„Das hängt sehr stark an den Lehrern, manche machen das super-gut, da lernen die auch richtig was und sind angeblich auch vergleichbar mit gleichaltrigen Gymnasiasten oder Realschülern, aber bei manchen Lehrern seh' ich das eben nicht. Ich krieg das nur durch die Kinder mit, aber was ich da mitkriege ist absolut chaotisch, und sie sagen selber, sie lernen nichts und sie wissen nicht, wie sie damit durchs Abitur kommen sollen. Es ist wohl tatsächlich so, dass die 12. Klässler oder die 13., die sich aufs Abitur vorbereiten, reihenweise zur Nachhilfe gehen und dafür noch mal Geld bezahlen."[82]

●●● Fazit: Schüler an Waldorfschulen sagen überwiegend, dass es ihnen Freude bereitet, in der Schule etwas zu lernen (79,4%) und dass sie ihre Schule als einladend und freundlich empfinden (85,4%). Auf der anderen Seite verlassen offenbar rund die Hälfte aller Waldorfschüler die Waldorfschule vorzeitig, ohne dass die Gründe dafür systematisch erfasst werden. Fälle von Mobbing scheinen nicht selten zu sein, bleiben letztendlich aber anekdotenhaft.

Rund ein Viertel der Schüler fühlt sich unterfordert, während fast die Hälfte Nachhilfe in Anspruch nimmt – was auch diejenigen zum Nachdenken anregen sollte, die meinen, dass an Waldorfschulen besonders individuell auf die Kinder eingegangen wird. ●●●●●●●●●●●●

2.10 Leistungsdruck an Waldorfschulen

●●● Behauptung: An Waldorfschulen herrscht geringerer Leistungsdruck. ●●●●●●●●●●●●●●●●●●●●●●●

Dass an Waldorfschulen geringerer Leistungsdruck vorherrscht, ist eine weit verbreitete, naheliegende Annahme, denn schließlich gibt es an Waldorfschulen weder Noten noch Sitzenbleiben. Die Klasse ist, wie bereits erwähnt, als achtjährige Schicksalsgemeinschaft angelegt (vgl. Behauptung: Die lange Zeit mit dem Klassenlehrer als fester Bezugsperson tut den Kindern einfach gut, S. 103). Man geht als Waldorfschüler nicht in eine Klasse, die Klasse ist Teil des eigenen Schicksals, dem man sich, in guten wie in schlechten Zeiten, nicht einfach entziehen kann. Der Ansatz ist also in erster Linie kein pädagogischer. Nichtsdestotrotz kann es für leistungsschwächere Schüler weniger Stress und Angst bedeuten, wenn man durch die eigenen schwachen Leistungen nicht bedroht ist, ein Schuljahr zu verlieren, wodurch mitunter auch Freundschaften in Mitleidenschaft gezogen werden. Nicht ohne Grund ist der Nutzen des Sitzenbleibens auch in der wissenschaftlichen Pädagogik (zumindest) umstritten, denn das Sitzenbleiben führt in der Regel nicht dazu, dass sich die Leistungen dauerhaft verbessern. Es wird aber von Schülern als Bestrafung empfunden und kann sich negativ auf das Selbstwertgefühl auswirken. In einigen Bundesländern ist das Sitzenbleiben daher in der Primar- und teilweise auch in der Sekundarstufe abgeschafft, oder nur noch in Ausnahmefällen möglich. Waldorfschulen führen in der Regel zu den staatlichen Abschlüssen, was (je nach Bundesland und Abschluss) auch die staatlichen Abschlussprüfungen erfordert. Hier wird der Druck für Waldorfschüler häufig dann doch spürbar, was sich z. B. durch eine hohe Inanspruchnahme von Nachhilfe ausdrückt.[83]

Auch die klassischen Ziffernnoten werden von vielen Bildungswissenschaftlern aus vielerlei Gründen kritisiert.

Eine Diskussion über das Für und Wider von Ziffernnoten würde jedoch an dieser Stelle zu weit führen. Der Verzicht auf Noten bedeutet aber nicht automatisch, dass es keine Bewertung und damit keinen Leistungsdruck gibt. An vielen staatlichen Grundschulen wurden die Ziffernzeugnisse zumindest in den ersten Jahrgängen durch Textzeugnisse ersetzt, die die Leistungen der Kinder genauer beschreiben sollen, ohne dass sie dazu einladen, dass sich die Kinder untereinander vergleichen. Auch an Waldorfschulen gibt es Textzeugnisse, diese unterscheiden sich jedoch stark von denen an staatlichen Schulen. Das Waldorfzeugnis trifft nicht nur Aussagen über das Arbeitsverhalten und die schulischen Leistungen, es soll den Schüler auch umfangreich charakterisieren. Die Charakterisierung erfolgt „projektiv entlang dem anthroposophischen Verständnis von Wille, Verstand und Gefühl". Da hat man „freudig teilgenommen", „geht gut mit", oder hat das „Gebotene innerlich aufgenommen". Der Lehrer kann auch seinen Unmut zum Ausdruck bringen. „So vermerkt das Zeugnis eines aufmüpfig-kritischen Jungen in der 9. Klasse für das Fach Geschichte, es mangele ihm 'an kraftvollem Arbeitseinsatz, die häuslichen Aufgaben zu verrichten' und den 'Darbietungen mit ungeteilter Aufmerksamkeit zu folgen.' Ein Jahr später ist Besserung zu erkennen, der Musiklehrer atmet auf: Er hat mit der Zeit immerhin so viel Achtung vor der Musik Beethovens entwickelt, daß er die grobianistischen Störungen unterlassen konnte."[84]

Jedes Zeugnis endet mit einem Zeugnisspruch, der auswendig gelernt und zu allerlei Anlässen vor der Klasse oder der ganzen Schule rezitiert wird, wie beispielsweise:

„Arbeit zur rechten Zeit, zur rechten Zeit Spiel, Schaffen und Lauschen führt uns zum Ziel."[85]

Durch die häufigen Wiederholungen sollen diese meist moralischen Sprüche auf das Kind übergehen, es soll von der moralischen Botschaft seines Lehrers infiltriert werden.

Die empirische Untersuchung von Liebenwein, Barz und Randoll zeigt, dass Waldorfschüler durchaus Leistungsdruck empfinden. 85,5% der Schüler geben an, dass die Ansprüche in den vergangenen beiden Jahren zugenommen habe, 52,8% sagen, sie würden Leistungsdruck empfinden. 41,2% der Schüler empfinden den Leistungsdruck als belastend, 19,2% der Schüler berichten sogar von Schlafstörungen in Folge von Prüfungsangst.

„Meine Angst ist, dass ich ein schlechtes Abi habe. Das wäre für mich schlimmer, als wenn ich durchfalle. Ich würde lieber eine Ehrenrunde drehen. Manche sagen, 'egal, Hauptsache Abi' aber ich glaube, mit dem Studium fängt es dann erst richtig an. (Sm13)"[86]

Auf der Grundlage dieser Studie ist es nicht möglich, einen Vergleich mit Schülern an staatlichen Schulen anzustellen, sie zeigt aber deutlich, dass Waldorfschülern Leistungsdruck und Versagensängste nicht fremd sind.

●●● Fazit: Die Angst vor einem möglichen Sitzenbleiben und Ziffernnoten können Gründe dafür sein, dass Schüler in der Schule Druck empfinden, sie sind aber keine notwendigen. Voraussetzungen. Leistungsdruck und Versagensängste sind auch an Waldorfschulen an der Tagesordnung, ein objektiver Vergleich zu Schülern an staatlichen Schulen lässt sich allerdings nicht anstellen.

Auch die umfangreichen moralischen Urteile, die Waldorflehrer in ihren Leistungsbeurteilungen und Zeugnissen fällen, können zu Stress, Ängsten und anderen negativen Emotionen führen. Sie sind der sichtbare Ausdruck einer anmaßenden, manipulativen Gesinnungspädagogik. Die Lehrkraft beurteilt „mit der Gewissheit eines kleinen Gottes" (Prange) nicht nur anhand greifbarer Arbeitsergebnisse, sowie dem gezeigten Arbeits- und Sozialverhalten. Sie ist auch nicht gehalten die Fehlbarkeit des eigenen Urteils in Betracht zu ziehen. Sie maßt sich im Gegenteil an, auch über den Charakter zu urteilen, innere Motive, Emotionen, zu erfassen und mit dem Zeugnisspruch in eine (erwünschte) Zukunft zu projizieren. ●●●

2.11 Eurythmieunterricht

●●● Behauptung: Eurythmieunterricht ist Tanzunterricht und als Bewegungsform in der Schule positiv zu bewerten. ●●●●●●●●●●●●●●●●●●●●●●●●●●●●●●

Das Wort Eurythmie leitet sich aus den altgriechischen Wörtern εὖ *eu* (gut; richtig) und ῥυθμός rhythmós (Rhythmus, geordnete Bewegung) ab und kann mit „schöne Bewegung" übersetzt werden. Dabei handelt es sich um eine Tanzform, die direkt auf Rudolf Steiner zurückgeht. Die Eurythmie lässt sich in verschiedene „Spielarten" kategorisieren. Neben der pädagogischen Eurythmie, wie sie in Waldorfkindergärten und -schulen praktiziert wird, gibt es die Toneurythmie als Ausdruck von Musik, Lauteurythmie als Darstellung von Sprache und die Heileurythmie als therapeutischen Ansatz.

Steiner war selbst kein ambitionierter Tänzer als er, über 50 Jahre alt, 1911 begann, sich mit Tanz zu beschäftigen und die Grundlagen für die Eurythmie zu legen, maßgeblich unterstützt von den ersten Eurythmistinnen – in der Anfangsphase gab es ausschließlich Tänzerinnen und bis heute ist das Feld der Eurythmie weiblich dominiert.

Auch die Eurythmie lud Steiner esoterisch auf. Er behauptete, sie aus den Quellen der geistigen Welt zu speisen, und konstruierte einen historischen Kontext, in dem sie wurzele. „Die Wiederherstellung des direkten Zugangs zum Geistigen, wo man wie in 'Urkulturen' 'die göttlich-heiligen Geheimnisse der Menschheit ansehen' sollte, blieb aber ein hintergründiges Ziel der Eurythmie (GA 277,31[1918]). Konkreter sind Steiners Behauptungen, die Eurythmie leite sich aus 'sakralen Tänzen' in Tempeln her (GA 277a2,41). Schon 1908 spielte diese Überlegung offenbar eine Rolle (ebd., 10), und noch im Februar 1918 postulierte er die 'Erneuerung … der alten Tempel-Tanzkunst' (GA 277,30 f.). Daneben lokalisierte Steiner die Vorläufer 'dieser Tanzkunst' in 'den alten griechischen Mysterien'."[87] Geistigen „Tatsachen", sollte nach Steiners Vorstellung ein körperlicher Ausdruck verliehen werden, wobei er den Tanzbildern ein hohes Maß an Deutlichkeit zusprach. Durch die Eurythmie könne zudem das Vorhandensein des Ätherleibs belegt werden, Eurythmie sei die Sprache des Ätherleibs.

„Der Ätherleib spricht niemals mit dem Munde, er spricht immer mit den Gliedmaßen. Und nur dasjenige, was der Ätherleib ausführt, indem der Mensch spricht, das wird auf den physischen Leib übertragen. Sie können schon ohne Gebärde, mit den Händen in der Tasche meinetwillen, beim Reden dastehen, wie wenn Sie Starrkrampf bekommen hätten und reden würden, aber Ihr Ätherleib macht umso lebendigere Bewegungen, weil er dagegen protestiert. Und so sehen Sie, wie tatsächlich auf eine so natürliche Weise aus der menschlichen Organisation diese Eurythmie wie hervorgeholt wird, die Sprache durch die Natur selbst aus dieser menschlichen Organisation." (GA 279, S. 32)

Insgesamt muss man feststellen, dass die Eurythmie ausgesprochen kopflastig und körperfeindlich angelegt ist, denn im Fokus steht nicht der Körper und seine Bewegungs- und Ausdrucksmöglichkeiten, sondern die hellsichtig geschauten geistigen „Tatsachen". Das drückt sich auch in der Kleidung aus. Der Körper wird in der Eurythmie üblicherweise mit einer Art wallendem Umhang verhüllt, Beine und Füße mit Strümpfen verdeckt, sodass kaum mehr als Kopf und Hände zu sehen sind. Individualität und Kreativität spielen, wenn überhaupt, dann nur eine untergeordnete Rolle. Der Körper ist lediglich ein Werkzeug, das den geistigen „Tatsachen" mit stark reglementierten, festgelegten Bewegungen Ausdruck verleiht. Die Individualität der Tänzerinnen und Tänzer muss fast zwangsläufig dahinter verschwinden. Es ist nicht verwunderlich, dass die Eurythmie außerhalb der Anthroposophie und ihrer Praxisfelder keine Rolle spielt.

Eurythmie ist also ein Tanz, der mit der anthroposophischen Weltanschauung esoterisch aufgeladen und von ihr vollkommen durchdrungen ist.

Eurythmie ist als Hauptfach fest im Lehrplan der Waldorfschulen verankert und wird in eigenen Eurythmieräumen unterrichtet. Sie zählt zu den Alleinstellungsmerkmalen der Waldorfpädagogik und weist noch eine weitere Besonderheit auf: Da sich die Eurythmie nicht im staatlichen Fächerkanon wiederfindet, sind in den staatlichen Zuwendungen auch keine Mittel für Eurythmielehrkräfte enthalten. Deren Gehälter müssen anderweitig aus dem Schuletat aufgebracht werden, z. B. indem man die Arbeitsverträge der regulären Lehrkräfte niedriger dotiert. Paul-Albert Wagemann berichtet sogar von kollegiumsinternen Umlageverfahren zur Bezahlung von Eurythmielehrkräften. Also Bezahlung durch teilweisen Gehaltsverzicht der übrigen Lehrkräfte.[88]

An Eurythmie führt für Waldorfschüler kein Weg vorbei und in der Aussage, Eurythmieunterricht sei Tanzunterricht, schwingt positiv besetzt mit, dass es sich dabei um eine Form von Bewegung und kreativem Ausdruck handele. Dass Bewegung und Körperbeherrschung auch in Lern- und Bildungszusammenhängen eine wichtige Rolle spielen, wird wohl kaum jemand ernsthaft bestreiten. Aber wie bereits ausgeführt, nimmt die Eurythmie unter den Tanzformen eine Sonder- und Außenseiterrolle ein. Esoterisch aufgeladen soll sie als „Sprache des Ätherleibs", als Bindeglied zu den geistigen Welten dienen, die Anthroposophen zu schauen glauben. Durch diese Setzung bleibt wenig Raum für Schülerinnen und Schüler, um sich in ihrer Individualität und Kreativität im Eurythmieunterricht einzubringen. Hier liegt ein entscheidender Unterschied zu den (meist freiwilligen) Tanzangeboten an staatlichen Schulen, bei denen die Vermittlung von Freude an der Bewegung und den körperlichen Ausdrucksmöglichkeiten Kernanliegen sind. Es verwundert nicht, dass Eurythmie unter Waldorfschülern das wohl unbeliebteste Fach ist und unter großen Akzeptanzproblemen leidet.[89] Da die Eurythmie praktisch ausschließlich innerhalb der Anthroposophie eine Rolle spielt, sind die Eurythmielehrkräfte in der Regel tief in der Anthroposophie verwurzelt und sehen in ihrem Fach eine wichtige anthroposophische Verankerung der Waldorfpädagogik.[90]

„Für mich ist es unter dem Aspekt wichtig, dass der Eurythmieunterricht an der Schule bleibt, wo diese Grundlagen da sind, weil es ein bisschen ein Anker in die Quellen der Waldorfschule ist."[91]

Eurythmielehrer haben ein geringeres Stundendeputat als die übrigen Waldorflehrkräfte. Das heißt, dass sie für ein volles Gehalt weniger Unterrichtsstunden leisten müssen. Ein Umstand, der nicht nur Zustimmung in Waldorfkollegien hervorruft. Begründet wird dies mit den besonderen Anforderungen des Eurythmieunterrichts, denn die Eurythmielehrkraft tritt nicht nur physisch, sondern auch „geistig-seelisch" mit den Schülern in Kontakt und muss in beiden Bereichen besonders präsent sein.

„Wenn ich vier Stunden am Stück habe, krieche ich nach Hause, ich habe keine Kraft mehr. Richtig schlimm, also auch körperlich. [...] Du musst so [macht eine öffnende, selbstbewusst, heitere Geste] reingehen in so eine Stunde. [...] Man merkt richtig, da ist in einem Lebenskraft weg von der Eurythmie, das ist wirklich Lebenskraft und die kommt nicht einfach wieder, die ist verbraucht." (Eurythmielehrerin A)

„Ja, das sind die Kräfte, die wir auch abgeben und mit denen wir arbeiten. Diese ätherischen Kräfte, da muss man sehen, dass man die gut nährt in der Freizeit. [...] Man muss die wieder richtig aufbauen, das merke ich auch." (Eurythmielehrerin B)"[92]

Aus den Berichten vieler Waldorfschüler und aus eigenen Aussagen[93] lässt sich entnehmen, dass Eurythmielehrkräfte ihr Fach häufig mit dem Pathos und dem heiligen Ernst an die Schüler herantragen, mit dem schon Steiner über die Eurythmie sprach. Hier dürfte erhebliches Konfliktpotenzial zwischen Schülern und Lehrern liegen, insbesondere wenn man nach der Grundschulzeit an die Pubertät denkt.

Abgesehen vom Eurythmieunterricht wird an vielen Waldorfschulen und vor allem an heilpädagogischen Einrichtungen mit Waldorfkonzept die sogenannte Heileurythmie praktiziert. Dabei handelt es sich um ein therapeutisches Konzept in Form einer eurythmischen Einzelbehandlung, mit dem man behauptet, allerlei körperliche Schwierigkeiten, aber auch Lernbeeinträchtigungen, wirksam behandeln zu können. Allerdings gibt es keinen evidenzbasierten Wirksamkeitsnachweis für die Heileurythmie, die damit zu den Pseudotherapien zu zählen ist.

●●● Fazit: Das bekannte Waldorfklischee, dass jeder Waldorfschüler seinen Namen tanzen kann, stimmt wohl, denn das Tanzen von Buchstaben, Buchstabenkombinationen und eben auch der Buchstaben des eigenen Namens ist Teil der Eurythmie, die als Pflichtfach an Waldorfschulen unterrichtet wird.

Eurythmieunterricht ist aber nicht mit herkömmlichem Tanzunterricht gleichzusetzen. Er ist ein Kernstück der Waldorfpädagogik und durch die anthroposophische Weltanschauung geprägt. Viele Schüler werden die weltanschauliche und esoterische Komponente dieses Faches nicht, oder nur ausschnittsweise, wahrnehmen. Dennoch, oder gerade deshalb, wird der Eurythmieunterricht häufig von sehr negativen Emotionen bei Schülern und wahrscheinlich auch bei Lehrern, begleitet. Von einem Standpunkt außerhalb der Anthroposophie ist nicht begründbar, warum sie in den Fächerkanon aufgenommen wurde. Dass sie dennoch für alle Waldorfschüler verpflichtend unterrichtet wird, ist ein deutliches Indiz für die konstitutive Bedeutung der okkult-anthroposophischen Lehre für die Waldorfpädagogik und dafür, wie wenig „frei" Waldorfschulen in Wirklichkeit sind.

Auch der Einsatz von Heileurythmie ist kritisch zu sehen, denn auch wenn sie selbst keinen unmittelbaren

Schaden anrichtet, so steht doch zu befürchten, dass durch den Einsatz von Heileurythmie andere wirksame Therapien unterbleiben und oder unnötig verzögert werden, mit schwer abzuschätzenden Folgen für das weitere Leben der Betroffenen. ●●●●●●●●●●●●●●●

2.12 Die Waldorfschulen haben sich weiterentwickelt

●●● Behauptung: Die heutigen Waldorfschulen haben sich weiterentwickelt. Die dogmatischen Anthroposophen sterben an den Schulen langsam aus. An unserer Waldorfschule sieht es jedenfalls nicht so aus, wie Kritiker es beschreiben. ●●●●●●●●●●●●●●●●●●●●●●●●●

Die Eröffnung der ersten Waldorfschule in Stuttgart liegt inzwischen rund 100 Jahre zurück und man könnte vermuten, dass sich die Waldorfpädagogik seitdem weiterentwickelt hat. Es zeigt sich allerdings, dass der dogmatische und religiöse Charakter der Anthroposophie (vgl. 1.5 Dreigliederung des sozialen Organismus) dazu führt, dass Steiners Verkündigungen bis heute in anthroposophischen Kreisen nahezu unantastbar sind und selbst die kruden rassistischen Aussagen eher relativiert und umgedeutet als prinzipiell in Frage gestellt werden. Reformerische Kräfte haben da einen schweren Stand. Das mag auch daran liegen, dass es schwer fällt, einzelne Bausteine aus Steiners Weltanschauungsgebäude zu entfernen, ohne dass das Ganze ins Wanken gerät. Wenn Steiner in Bezug auf die Rassen und die Völkerpsychologie geirrt hat, mit welchem Recht sollte man den Wahrheitsanspruch anderer hellsichtiger Schauungen aufrechterhalten?

Im Kern gibt es nur die Waldorfpädagogik, die Rudolf Steiner vor rund 100 Jahren gestiftet hat und keine andere. Sie ist bis heute die Grundlage der Ausbildung von Waldorfpädagogen, eine nennenswerte Weiterentwicklung gibt es nicht. Schulen, die sich zu weit vom Konzept ihres Gründers entfernen, werden die Namensrechte durch den *Bund der Freien Waldorfschulen* entzogen. Dieser stellt über einen Gründungslehrer sicher, dass Steiners Konzepte in den nur scheinbar freien Schulgründungen auch ankommen (vgl. Behauptung: Waldorfschulen werden durch persönliches Engagement von Elterninitiativen frei gegründet, S. 77). Es ist jedoch typisch, dass Anthroposophen ihre Weltanschauung in einer Art und Weise kommunizieren, die einiges Vorwissen erfordert, um die anthroposophischen Konzepte in den bewusst unklaren Äußerungen zu identifizieren. Schon Steiner sagte dem Lehrerkollegium der ersten Waldorfschule:

„Wir müssen immer klar vor uns haben auf der einen Seite, daß wir das, was in den Intentionen liegt, die wir im Kursus durchgeführt haben und auch sonst, verfolgen. (...) Das wäre das, daß wir als Lehrerschaft selbst – was die anderen machen durch die Kinder, das ist eine Sache für sich –, daß wir als Lehrerschaft versuchen, möglichst nicht unsere Schulangelegenheiten in die Öffentlichkeit hinauszutragen. (...) Schweigen wir über alles das, was wir handhaben in der Schule. Halten wir uns an eine Art Schulgeheimnis. Reden wir nicht zu den Außenstehenden, außer zu den Eltern, die mit Fragen zu uns kommen, und da wiederum immer nur über die eigenen Kinder, daß nicht zu Geschwätzen Veranlassung gegeben wird." (GA 300a, S. 73)

Dennoch gibt es Unterschiede zwischen Waldorfschulen und natürlich auch Unterschiede zwischen einzelnen Lehrkräften. Längst nicht mehr jede Lehrkraft an Waldorfschulen hat auch eine Waldorfausbildung und nicht jede Lehrkraft mit Waldorfdiplom ist innerlich von der Anthroposophie überzeugt. Die Fluktuation scheint aber gerade bei den Lehrkräften mit einer kritischen Haltung zur Anthroposophie sehr hoch zu sein.

In einer Studie der Alanus Hochschule Alfter, einer anthroposophischen Privathochschule, an der 2005 Waldorflehrer teilnahmen, bezeichneten 74,1% der Lehrkräfte ihr Verhältnis zur Anthroposophie als „positiv bejahend" oder „praktizierend/engagiert", 21,5 % als „kritisch-sympathisch". Diesen 95,6% Lehrkräften mit positivem Verhältnis zur Anthroposophie stehen nur 1,2% Lehrkräfte gegenüber, die ihr Verhältnis als „kritisch/skeptisch" (1,1%) oder „negativ/ablehnend" (0,1%) bezeichnen. 82,1% der Lehrkräfte sagten, die Anthroposophie hätte hohe oder sehr hohe Bedeutung für ihre Berufstätigkeit. 78,3% gaben an, dass ihnen das Vertrauen in übergeordnete Zusammenhänge; wie z. B. Karma und die geistige Welt, Halt und Sicherheit im Beruf gäben.[94]

Auch die (u. a. von den Studienautoren vertretene) Auffassung, dass die dogmatischen Anthroposophen an den Schulen langsam ausscheiden, lässt sich empirisch nicht stützen. Zwar ist es so, dass auch Waldorfschulen vom Fachkräftemangel betroffen sind und immer häufiger auf Lehrkräfte ohne Waldorfdiplom zurückgreifen müssen. Auch ist der Anteil der engagierten, praktizierenden Anthroposophen unter den älteren Lehrkräften besonders hoch. Es ist jedoch auch sehr wahrscheinlich, dass vor allem die überzeugten Anthroposophen den Waldorfschulen bis zur Pensionierung treu bleiben und nicht-anthroposophische Lehrkräfte diese eher verlassen.

●●● Fazit: Die Waldorfpädagogik hat sich in den letzten 100 Jahren nicht nennenswert weiterentwickelt. In der Praxis hängt letzten Endes vieles von der konkreten Person des Lehrers ab und es gibt auch an Waldorfschulen nicht-anthroposophische Lehrkräfte. Allerdings ist es empirisch gut belegt, dass ein sehr hoher Anteil Waldorflehrkräfte der Anthroposophie positiv gegenübersteht (95,6%). Rund vier Fünftel messen der Anthroposophie hohe Bedeutung für ihre Tätigkeit bei und beziehen Sicherheit und Halt aus anthroposophischen Konzepten wie Karma oder der geistigen Welt. Es ist daher deutlich wahrscheinlicher, dass anthroposophische Konzepte von Eltern und Schülern nicht bemerkt werden, als dass sie nicht vorhanden sind. ●●●●●●●●●●●●●●●

2.13   Rechte Tendenzen an Waldorfschulen

●●● Behauptung: Bei Fällen von Reichsbürgertum, Rechtsradikalismus unter Waldorfmitarbeitern oder Auftritten von Verschwörungstheoretikern handelt es sich um Einzelfälle. ●●●●●●●●●●●●●●●●●●●●●

„Lauter Einzelfälle" überschreibt Bierl die Einleitung seines Buches,[95] in dem er einige dieser „Einzelfälle" auflistet. Da ist der prominent gewordene Fall des ehemaligen NPD-Funktionärs und ehemaligen Waldorflehrers Andreas Molau, der acht Jahre lang an einer Waldorfschule Deutsch und Geschichte unterrichtete und seit den 1990er Jahren Texte in rechtsextremen Publikationen, in seiner aktiven Zeit an der Waldorfschule wohl unter Pseudonym, veröffentlicht hatte. Nach dem Wahlerfolg der NPD bei der Landtagswahl in Sachsen 2004 kündigte Molau, weil er als schulpolitischer Experte für die NPD-Fraktion und als Redakteur für das NPD-Blatt *Deutsche Stimme* arbeiten wollte. Die Waldorfschule witterte den sich anbahnenden Skandal und reagierte ihrerseits mit sofortiger Kündigung sowie Hausverbot. In den acht Jahren, die Molau dort unterrichtet hatte, will man von alldem indessen nichts bemerkt haben. Ein gemeinsames Buchprojekt mit dem Anthroposophen Lorenzo Ravagli, Teil der dreiköpfigen Redaktion der Zeitschrift *Erziehungskunst* des *Bundes der Freien Waldorfschulen*, wurde kurz vor der Veröffentlichung von Ravagli gestoppt. Molau ist 2012 aus der rechtsextremen Szene ausgestiegen.[96]

   Die Waldorfschule in Rendsburg entließ 2013 ihren Geschäftsführer, nachdem bekannt wurde, dass dieser im

Reichsbürgermilieu aktiv war. Reichsbürger zweifeln an der Souveränität der Bundesrepublik Deutschland und glauben an einen Fortbestand des untergegangenen Deutschen Reiches.

Im Sommer 2015 wurde der Arbeitsvertrag des Waldorflehrers Wolf-Dieter Schröppe aufgelöst, der laut einem Gutachten als „Aktivist innerhalb eines extrem rechten völkischen Netzwerks gesehen werden" muss. Schröppe hatte über 20 Jahre an der Waldorfschule in Minden gearbeitet. Der Auflösung des Vertrages war eine langwierige Auseinandersetzung vorausgegangen. Das Kollegium der Schule stellte sich hinter den Kollegen und sprach ihn, trotz erdrückender Beweise, von rechtem Gedankengut frei, woraufhin der *Bund der Freien Waldorfschulen* der Schule mit dem Verbandsausschluss drohte.[97]

Wiederholt wurden Verschwörungstheoretiker wie Daniele Ganser oder Ken Jebsen an Waldorfschulen eingeladen. Nach öffentlicher Kritik wurden die Veranstaltungen teilweise abgesagt.

Durch die anhaltende Berichterstattung sah sich der *Bund der Freien Waldorfschulen* 2015 sogar veranlasst, einen Brief an seine Schulen zu verschicken. Im vergangenen Schuljahr habe es mindestens fünf Vorfälle an deutschen Waldorfschulen gegeben, die wegen ihrer Nähe zur rechtsextremen oder „reichsbürgerlichen" Szene in die Presse gerieten, schreibt Vorstandsmitglied Henning Kullak-Ublick darin und verweist auf die Broschüre aus seinem Hause mit dem Titel *Die „Reichsbürgerbewegung" – Eine kritische Auseinandersetzung mit dem Neu-Deutschtum*.

Auf die strukturellen und ideologischen Ursachen geht der *Bund der Freien Waldorfschulen* indessen nicht ein (vgl. Behauptung: Rassistische Passagen und Klischees über Völker in Steiners Werk sind zeitbedingte Formulierungen, S. 57, sowie Behauptung: Waldorfschulen sind als „Freie Schulen" demokratisch organisiert, S. 74).

●●● Fazit: Für die Waldorfschulen gilt, was für die Anthroposophie insgesamt gilt (vgl. Behauptung: „Wir Anthroposophen waren gegen Hitler immun", S. 65): Die Waldorfschulen sind keineswegs immun gegen rechtes Gedankengut und waren es in ihrer Geschichte nie. Diese fortgesetzte Verdrängung zeigt sich bis heute. Doch wer die Augen verschließt und alle diese Fälle als „Einzelfälle" abtut, die mit der Theorie und der Praxis des Systems Waldorf angeblich nichts zu tun haben, wird dieses Problem nie überwinden. Anthroposophie und Waldorfpädagogik sind, wie wir schon mehrfach festgestellt haben, nach rechts hin offen. Vor allem im irrationalen Verschwörungsdenken ergeben sich erhebliche Schnittmengen mit dem „Waldorfmainstream", sodass rechte Ideologen an Waldorfschulen immer wieder über Jahre und Jahrzehnte nicht auffallen, und Verschwörungstheoretikern immer wieder eine Bühne geboten wird. ●●●●●●●●●●●●●

2.14   Masernepidemien an Waldorfschulen

●●● Behauptung: An Waldorfschulen kommt es häufiger als an anderen Schulen zu Masernepidemien. ●●●●●●

Anthroposophen stehen Impfungen, besonders im Kindesalter, kritisch gegenüber. Sie sehen im Durchleiden von Krankheiten einen Sinn. Im Falle von Masern sprechen sie auch von „Entwicklungschancen" (vgl. Behauptung: Masern und andere Kinderkrankheiten, bieten Entwicklungschancen und verlaufen bei Kindern meist harmlos, S. 144). Anthroposophische Mediziner sind häufig gern gesehene Gäste an Waldorfschulen und verbreiten dort ihre irrationalen Ansichten über Impfungen.

Diese fallen bei einem großen Teil der Waldorfeltern-schaft auf fruchtbaren Boden, die häufig Vorbehalte gegen die evidenzbasierte Medizin mitbringen, wie Untersuchungen zeigen.[98] Im Ergebnis führt dies zu einer geringen Impfquote an Waldorfschulen, wodurch sich die hochinfektiösen Masern leicht ausbreiten können. Immer wieder kommt es zu Masernepidemien. Masernausbrüche an Waldorfschulen werden, ohne Anspruch auf Vollständigkeit und auf der Grundlage von Presseberichterstattung, auf der Internetplattform *Psiram* aufgelistet.[99] Im Juli 2013 erfuhr beispielsweise der Masernausbruch an der Waldorfschule in Erftstadt mediale Aufmerksamkeit. 29 Schüler und ein Erwachsener waren an Masern erkrankt. Nur 53% der Schüler und Mitarbeiter hatten, nach einer Überprüfung durch das Gesundheitsamt, eine ausreichende Immunität gegen Masern durch Impfung oder eine zuvor durchgemachte Masernerkrankung. Laut *Kölner Stadtanzeiger* waren nur rund 25% der Kinder geimpft, während die durchschnittliche Impfrate bei Schuleingang in NRW bei rund 95% liegt.[100] Im gleichen Jahr musste die Waldorfschule Landsberg vor den Sommerferien schließen. Mehr als 40 Kinder waren erkrankt und auch hier lag die Impfquote deutlich unter 50%.

Nimmt man nur die bei *Psiram* zusammengetragenen Zahlen zu Masernausbrüchen an Waldorfschulen als Grundlage (es dürfte in der Realität eine erhebliche Dunkelziffer hinzukommen) und vergleicht diese mit der Gesamtzahl der gemeldeten Masernerkrankungen, so ist die rechnerische Wahrscheinlichkeit an Masern zu erkranken, 48-fach erhöht, wenn man eine Waldorfschule besucht.[101]

●●● Fazit: Waldorfschulen fallen immer wieder durch Masernepidemien in Folge dramatisch niedriger Impfquoten auf. Im Vergleich zum Bevölkerungsdurchschnitt kommt es an Waldorfschulen zu erheblich mehr Masernerkrankungen, mit teils schwerwiegenden gesundheitlichen Folgen. Die impfkritische Haltung der anthroposophischen Medizin trifft hier offenbar bei vielen (auch nicht-anthroposophischen) Eltern auf fruchtbaren Boden. Die Waldorfschulen sind dadurch regelrechte Brutstätten für Masern. ●●●●●●●●●●●●

3   Anthroposophische Medizin

Rudolf Steiner hielt ab 1920 Medizinerkurse ab. Die gesammelten Vorträge aus diesen Kursen bilden den Kern der anthroposophischen Medizin, zusammen mit einer Monografie von Rudolf Steiner und Ita Wegman, einer anthroposophischen Ärztin und Wegbereiterin der anthroposophischen Medizin auch nach Steiners Tod. Steiner hat sich auch vor 1920 immer wieder zu medizinischen Fragen geäußert, allerdings eher punktuell und nicht systematisch.

Die Entstehung fällt in eine Zeit ungeheuren medizinischen Fortschritts. In der zweiten Hälfte des 19. Jahrhunderts wurde die Medizin zunehmend wissenschaftlich betrieben. Neue Methoden wurden entwickelt und kritisch-analytisch angewendet. In der Folge verlor die Humoralpathologie (Lehre von den Körpersäften), die bereits um 400 v.Chr. ihren Ursprung hatte, innerhalb kürzester Zeit an Bedeutung. Erste Impfstoffe standen bereit und kamen zur Anwendung. In der Chirurgie wurden, von der Blinddarmentfernung bis zur Herzoperation, Eingriffe vorgenommen und etabliert, die zuvor undenkbar schienen. Durch verbesserte hygienische Maßnahmen konnte die Zahl der Komplikationen nach chirurgischen Eingriffen drastisch reduziert werden. Die Errungenschaften der Medizin durch die Einführung naturwissenschaftlicher Methoden waren offenkundig. Steiner leugnete diesen Fortschritt nicht, wollte die Medizin aber durch seine hellsichtigen Einsichten erweitern.

„Er suchte, seine Vorstellungen im Einklang mit der empirischen Naturwissenschaft, also hier der universitären Medizin zu deuten. Zugleich verstand er seine Medizin als Ergebnis 'höherer', 'übersinnlicher' Einsicht, die er in den Medizinerkursen der zwanziger Jahre auch 'clairvoyantes Hellsehen' nannte (GA 319, 75). Die 'übersinnliche' Medizin sollte die gleiche Dignität besitzen wie die empirische Wissenschaft."[102]

Wie für die Anthroposophie insgesamt, gilt auch für die anthroposophische Medizin, dass sie entgegen ihrem eigenen Anspruch unwissenschaftlich und dogmatisch angelegt ist (vgl. Behauptung: Bei der Anthroposophie handelt es sich um eine Wissenschaft, S. 13). Ihre angeblich übersinnlichen Erkenntnisse sind nicht objektiv nachvollziehbar und beruhen auf dem Zirkelschluss, dass die übersinnlichen Erkenntnisse zur anthroposophischen Weltanschauung führen und umgekehrt die anthroposophische Weltanschauung den Glauben an hellsichtige Erkenntnis stützt.

Die Vorstellungen der anthroposophischen Medizin knüpfen an die anthroposophischen Konzepte zur Entwicklung von Mensch und Kosmos, der Hüllenanthropologie, Schicksal und Karma usw. an. Sie fußen auf der Vorstellung, dass der Mensch im Kleinen ein Kosmos und der Kosmos im Großen ein Mensch sei.

Der Planetenkosmos findet sich spiegelbildlich als Organkosmos im Menschen. Dass aus einer Eizelle ein differenziertes Gewebe entsteht, wird auf die Wirkung der Planetenkräfte zurückgeführt. Jedem Tierkreisprinzip (Sternzeichen) kommen zudem spezifische Formkräfte zu. So soll beispielsweise das Widderprinzip formend auf die Kopfbildung wirken, das Krebsprinzip auf die Brustregion, das Skorpionprinzip auf die Zeugungsorgane oder das Fischeprinzip auf die Füße.[103]

Wesensglieder

Auch die Wesensglieder des Menschen aus der Hüllenanthropologie (vgl. 1.4.3 Hüllenanthropologie) spielen eine zentrale Rolle in der anthroposophischen Medizin. Während die wissenschaftliche Medizin auf die Betrachtung des physischen Leibes beschränkt bleibt, glauben anthroposophische Mediziner, auch die sinnlich nicht fassbaren Wesensglieder des Menschen (Ätherleib, Astralleib und Ich-Leib) betrachten zu können. Physischer Leib und Ätherleib haben laut Steiner eine räumlich-zeitliche, Astralleib und Ich-Leib eine rein geistige Struktur.

Steiner behauptet zahlreiche Bezüge zwischen den drei seelischen Grundfunktionen Denken, Fühlen und Wollen und dem Körper. Jeder dieser Grundfunktionen weist er beispielsweise einen Sitz im Organismus sowie Tendenzen zu bestimmten Erkrankungen, Bewusstseinszuständen und Sinnen zu. Nach anthroposophischer Auffassung hat der Mensch zwölf Sinne: Tastsinn, Lebenssinn, Bewegungssinn, Gleichgewichtssinn, Geruchssinn, Geschmackssinn, Sehsinn, Wärmesinn, Gehörsinn, Sprachsinn, Denksinn und Ichsinn. Als abbauender Pol steht das Denken dem Wollen als aufbauendem Pol gegenüber.

Krankheit entsteht durch ein Ungleichgewicht zwischen den vier Wesensgliedern, das ausgelöst wird, wenn die Kräfterichtung eines Pols überwiegt.

„Also gerade, wenn man die Krankheitsprozesse studiert, sieht man ein, was der Mensch eigentlich in sich hat. Denn in der Krankheit ist auch alles das in uns, was in einem gesunden Menschen ist, nur zu stark. Kranksein heißt nichts anderes, als dass wir irgendetwas zu stark ausbilden. Das geschieht ja im Leben auch, meine Herren. Sie haben schon gesehen, daß wenn ein kleines Kind da ist und man berührt es an der Wange mit der Hand, und zwar sanft, schwach; dann ist es eine Liebkosung, man streichelt es. Und man kann ja auch dieselbe Berührung mit der Hand zu stark machen; dann ist es nicht mehr eine Liebkosung, dann ist es eine Ohrfeige." (GA 347, S. 53)

Physische Erkrankungen (der unteren Wesensglieder) beruhen auf geistigen Prozessen, während geistig-seelische Erkrankungen (der höheren Wesensglieder) auf physischen Prozessen beruhen.[104]

Steiner schreibt in seinem Notizbuch:

„Denn nimmt deiner Seele Geist
Deinen Körper für sich als Kraft
So bist du körperkrank
Und nimmt deines Körpers Geist
Deine Seele für sich als Kraft
So bist du seelenkrank."[105]

Der dreigliedrige Mensch[106]

Seelische Grund-funktion	Denken	Fühlen	Wollen
Teil des drei-gliedrigen Organismus	Nerven-Sinnes-System	Herz-Kreislauf-System	Stoffwechsel-Gliedmaßen-System
Körper-region	Kopfregion	Brustregion	Verdauung, Bewegung
Sinne	Vorstellungssinne, Gehörsinn, Sprach-Sinn, Gedanken-Sinn, Ich-Sinn	Gefühlssinne (Umwelt) Geruch, Geschmack, Sehsinn, Temperatursinn	Willenssinne (eigener Leib) Tastsinn, Lebenssinn, Eigenbewegungssinn, Gleichgewichtssinn
Kräfte-richtung	Abbau	rhythmisch gestaltend	Aufbau
Bewusst-seinszustand	Wachheit	Traum	Schlaf
Krankheits-tendenz	Verhärtungen, Sklerosen	Verflüssigung	Entzündungen, Zersetzungen, Tumore

Karma

Krankheitsursachen sind nach den Vorstellungen der anthroposophischen Medizin auch karmisch bedingt und können ihre Wurzel in vorherigen Leben haben. Als Wesen aus den geistigen Welten sucht sich der Mensch seinen neuen irdischen Körper aus. Kommt ein Kind mit einer schweren Krankheit oder Behinderung zur Welt, so ist dies als Entscheidung für ein irdisches Schicksal zu sehen. Die Spekulation über Krankheitsdispositionen, die sich aus früheren Leben ergeben, ist bis heute Teil der Diagnostik und wird von anthroposophischen Medizinern angewendet. Von einem aufgeklärten Standpunkt außerhalb der Anthroposophie betrachtet, sind die karmischen Spekulationen äußerst problematisch, bisweilen auch menschenverachtend. So fassen Goebel & Glöckler Steiners Ausführungen über die karmischen Zusammenhänge der Pockenerkrankung folgendermaßen zusammen:

„Hat ein Mensch zum Beispiel sein Leben so verbracht, dass er überwiegend lieblos an den anderen Menschen und Dingen vorbeiging, so empfindet er das nach dem Tode als einen Mangel. Er erfährt jetzt, wie dieses Verhalten auf andere Menschen gewirkt hat und welche Schmerzen es bei ihnen auslöste. (…) Dieses neue Verständnis ist es, das sich einprägt und das auf dem weiteren Wege zwischen dem Tod und einer neuen Geburt zu einer bestimmten Krankheitsveranlagung in einem folgenden Erdenleben führen kann. Im Falle einer ausgeprägten Lieblosigkeit wird der Betreffende dafür sensibilisiert sein, sich durch das Pockenvirus anstecken zu lassen. Die Krankheit erscheint dann im Leben als Kampf zur Überwindung einer früher durchlebten Einseitigkeit. Der durch die Pocken bewirkte körperliche Auflösungsprozeß stellt gleichsam ein 'Aus-sich heraus-Wollen' dar. Auf leiblicher Ebene wird dadurch die frühere Lieblosigkeit überwunden, und das Ich erhält die Kraft, in ein neues Wechselverhältnis mit seiner Umwelt zu treten. Stirbt der Mensch in der Auseinandersetzung mit dieser Krankheit, so steht dem Ich diese Kraft erst für das nächste Leben zur Verfügung."[107]

Die Sterblichkeit bei unbehandelten Pocken liegt bei etwa 30% der erkrankten Menschen, die dann erst im nächsten Leben von der gewonnenen Kraft für das Ich profitieren und ihr Defizit aus dem vorherigen Leben ausgleichen.

Wen es trifft, ist ebenfalls eine Folge des Karmas: „Es erscheint durchaus im Karma begründet, daß die eine Krankheit ausgeht mit der Heilung, die andere mit dem Tod." (GA 120, S. 90)

Menschen mit geistiger Behinderung, von denen Steiner auch als „Trottelinkarnationen" sprach, waren im vorangegangenen Leben Lügner: „Da tritt das Kind nicht nur schwach auf, sondern so, daß es überhaupt kein rechtes Verhältnis zu seiner Umgebung gewinnen kann, daß es schwachsinnig ist." (GA 125, S. 197) Damit ist das Karma aber noch nicht vollständig abgearbeitet, „und der Hang zur Lügenhaftigkeit zeigt sich in der zweitnächsten Inkarnation in den unrichtig gebauten Organen" (GA 120, S. 74),

An diesen Beispielen merkt man, dass die Karmaspekulationen zur Erklärung von Krankheiten auch zu Schuldfragen führt. Die Patienten werden indirekt verantwortlich gemacht für ihre Erkrankung, die das Resultat verfehlter Inkarnationen ist. Die Verantwortung für Erkrankungen und Behinderungen macht aber nicht bei den direkt Betroffenen halt, sondern ist auch in deren Umfeld zu suchen. In einem Interview für den anthroposophischen Film *The Challenge of Rudolf Steiner* sagt die langjährige Leiterin der medizinischen Sektion am Goetheanum in Dornach, Michaela Glöckler:

„'Warum hat mein Kind Leukämie mit fünf oder Diabetes von Geburt an, oder ein anderes schwerwiegendes Problem?', dann natürlich, muss ich sie zurückfragen: 'Was denken Sie, wo Ihr Kind herkommt?' (…) Der Grund, warum ein Kind krank sein kann, kann auch nur sein, dass in der Umgebung eine Veränderung eintreten soll. Also stelle ich einfach Fragen an die Mutter. Wenn sie also fragt: 'Warum?', dann sage ich: 'Denkst du, dass es das individuelle Problem des Kindes ist? Denkst du, es ist dein Problem, liebe Mutter? Leidest du mehr als dein Kind an diesem Problem? Dann ist es deins!'"[108]

Gegen das Karma kann man nicht heilen, aber die Behandlungen fließen in die karmische Entwicklung ein, die sich mitunter erst in zukünftigen Leben auswirkt.

Diagnose und Therapie

Der anthroposophische Behandler nutzt durchaus Diagnosemethoden der konventionellen Medizin, wie z. B. Blutbilder, Röntgen- oder CT-Untersuchungen, über die Ergebnisse wird jedoch die Folie des anthroposophischen Menschenbildes gelegt.[109] Eine „Wesensgliederdiagnose" ist die Grundlage der Therapie. Ungleichgewichte zwischen den Wesensgliedern werden festgestellt und sollen durch eine entsprechende Behandlung wieder ins Gleichgewicht gebracht werden. Jedes Wesensglied hat einen körperlichen Ausdruck, der in der mit spekulativen Elementen durchzogenen Diagnostik betrachtet wird:

1. Physischer Leib
Es werden physische Parameter, wie Größe und Gewicht, die Ausformung einzelner Organe betrachtet sowie Labordiagnostik herangezogen und „der konstitutionelle Habitus beurteilt, und inwiefern dieser durchlässig ist für die Vorgänge des Lebens, der Seele und des Geistes – d. h. für den 'Inkarnationszustand' des betreffenden Menschen".[110]

2. Ätherleib
Hier wird die Vitalität von einzelnen Organen und des gesamten Organismus eingeschätzt. Das Säure-Basen-Verhältnis, allgemeine Biorhythmen, der Flüssigkeitshaushalt, die Regenerationsfähigkeit werden beurteilt sowie „die Art der Gedankenführung".

3. Astralleib

Aussagen über den Astralleib lassen sich treffen, indem man den Muskeltonus und das Bewegungsspiel der Muskulatur betrachtet. Außerdem werden Sprache und Atem untersucht sowie die Art des „Instinkt-Begierde-Verhaltens erschlossen", „Empfindungsleben, 'Sensibilität' und das Spektrum der Gefühlsäußerungen geben Aufschluss über seinen aktuellen Zustand".

4. Ich-Organisation

Hier wird es aus wissenschaftlicher Perspektive vollends abseitig. Glöckler schreibt: „Stärke oder Schwäche der Ich-Organisation können am Zusammenspiel aller Funktionen und Wesensgliedertätigkeiten abgelesen werden. Jede Form von Integrations- und Kontrollverlust zeigt eine Schwächung oder Störungen im Bereich dieses Wesensgliedes an. An dieser Stelle ist es wichtig zu bemerken, dass die Ich-Organisation zwar dem geistigen Wesen Mensch, d. h. seinem Ich, die körperliche – und damit vergängliche – Möglichkeit zur Inkarnation bietet, mit dieser jedoch nicht identisch ist."

Die anthroposophische Medizin behauptet, dass die Wesensgliederdiagnostik durch die angeblich gesetzmäßigen Zusammenhänge zahlreiche Erkenntnisse liefert, die über eine klinische Diagnostik hinausgehen.

Arzneimittel

Mensch und Naturreiche sind durch die fiktive anthroposophische Evolutionsgeschichte verbunden. Diese Geschichte bildet die Grundlage für anthroposophische Arzneimittel. Im menschlichen Organismus wirken – und auch hier hängt vermeintlich alles mit allem zusammen – die „Gesetzmäßigkeiten" der mineralischen, pflanzlichen und animalischen Welt. Durch das Ungleichgewicht, das zu Erkrankungen führt, wird der Mensch nun bestimmten Naturbereichen ähnlicher. Steiner behauptete, Heilsubstanzen identifizieren zu können, indem er die Kräftewirkungen in den Naturreichen mit dem

Kräftebild des erkrankten Organs verglich.[111] Stoffe, als „zur Ruhe gekommene Vorgänge", bewirken nach dieser Vorstellung, dass im Patienten der verlorengegangene Zusammenhang zwischen Natur und Kosmos wiederhergestellt wird.[112] Die anthroposophische Medizin trifft nun für Außenstehende nicht nachvollziehbare Zuordnungen zwischen Planeten, Metallen und Organen, aus denen therapeutische Prinzipien abgeleitet werden, um das angebliche Ungleichgewicht wieder auszugleichen (vgl. auch Tabelle Hüllenanthropologie, S. 45). Als Grundstoffe für anthroposophische Arzneimittel dienen Mineralien, Metalle, Pflanzen sowie Tiere, deren Sekrete und Körperteile. Wichtiger als die heilende Substanz selbst ist der „Geist" der Substanz, ihre Geschichte und ihr Herstellungsprozess. Es kommen Verflüssigungs-, Verluftungs- und Verfestigungsprozesse zum Einsatz. Stoffe können dabei z. B. verbrannt oder durch Verdünnung „potenziert" werden.

Die Verwendung der sieben „Planetenmetalle" Silber, Quecksilber, Kupfer, Gold, Eisen, Zinn und Blei, ist ein wichtiger Bestandteil der anthroposophischen Heilkunde. Diese sind angeblich zur Ruhe gekommene Planetenprozesse kosmischen Ursprungs. Das Organsystem des Menschen stellt man sich als „inneres Planetensystem" vor und ordnet nun den Planeten Metalle und diesen wiederum Organe zu. Auch hier zeigt sich die Vorstellung, dass der Mensch im Kleinen ein Kosmos sei und umgekehrt. Damit die Metalle wirken, sind auch hier aufwendige, teils alchemistische, Prozesse notwendig, um die Planetenwirkung zu aktivieren.[113]

Aus anthroposophischer Sicht stehen Pflanzen schon auf der Stufe des Lebendigen, sind allerdings im Vergleich zum Menschen anders herum ausgerichtet: Der Mensch ist eine umgekehrte Pflanze. Sein Nerven-Sinnessystem befindet sich oben, während bei der Pflanze die Wurzeln (die dem Nerven-Sinnessystem des Menschen entsprechen) in die Erde wachsen. Den Blüten entspricht das Stoffwechsel-

Zuordnung der Planeten zu Metallen und Organen

Planet	Metall	Organ
Mond	Silber	Gehirn, Reproduktion
Merkur	Quecksilber	Lunge
Venus	Kupfer	Nieren
Sonne	Gold	Herz
Mars	Eisen	Galle, Kehlkopf
Jupiter	Zinn	Leber
Saturn	Blei	Milz

Gliedmaßen-System des Menschen und das Herz-Kreislauf-System (oder rhythmisches System). Wurzelpräparate werden dementsprechend eingesetzt, wenn man eine Wirkung am Kopf erzielen will, Blätterpräparate, um das Herz-Kreislauf-System zu behandeln usw. Daher kommen auch keine isolierten Pflanzenwirkstoffe zum Einsatz, denn man möchte durch spezielle Verfahren das „Wesen der Pflanze" erhalten.

Tiere entsprechen laut Steiner Krankheiten. „Jedes Tier, richtig angesehen, bedeutet eine Krankheit. Für das Tier ist die Krankheit sozusagen gesund. Kommt dieses Tier in den Menschen hinein, statt seine eigene Organisation, artet der Mensch nach der Organisation des Tieres hin, so ist er krank." (GA 317, S. 182) Zum Einsatz kommen

- ganze niedere Tiere oder deren Ausscheidungsprodukte: staatenbildende Insekten (wie Bienen, Wespen, Hornissen oder Ameisen), Kreuz- oder Vogelspinne, Krötensekret, Sepia („Tinte") vom Tintenfisch u. a.
- Sekrete oder Körperteile höherer Tiere: Galle von Raubfisch und Rind, Horn vom Hirsch, Pferdehuf, Maulwurfsfell, Absonderungen aus den Analdrüsen des Skunks u. a.
- Organe und Gewebeteile von Säugetieren: Verwendung aller Organe.[114]

Auch Gifte kommen in der anthroposophischen Medizin zum Einsatz, denn in ihnen sei laut Steiner das Wirken des

Astralleibes sichtbar. Die therapeutische Gabe verstärke das Eingreifen des Astralleibes.[115]

Das anthroposophische Therapiekonzept wird neben den Heilmitteln u. a. durch Heileurythmie, Sprachtherapie, rhythmische Massagen und verschiedene künstlerische Therapien ergänzt.

3.1 Ganzheitlicher Ansatz

●●● Behauptung: Die anthroposophische Medizin ist ganzheitlich: Sie erweitert die schulmedizinische Sicht auf den Menschen als reine Biomaschine und bezieht auch geistig-seelische Vorgänge mit ein. ●●●●●●●●●

Grundsätzlich lassen sich gegen die vermeintliche Ganzheitlichkeit der anthroposophischen Medizin dieselben Argumente anführen, wie gegen das anthroposophische Menschenbild insgesamt. Von der Karmalehre über die kosmische Entwicklung von Mensch und Menschheit bis hin zur Dreigliedrigkeit fußt das Menschenbild der Anthroposophie auf Steiners fiktiver Entwicklungsgeschichte, die mit den verschiedensten irrationalen Vorstellungen angereichert und verwoben ist, die wir bereits ausführlich betrachtet haben. (vgl. Behauptung: Das anthroposophische Menschenbild liefert einen ganzheitlichen Blick auf den Menschen, S. 37).

Im Bereich der anthroposophischen Medizin kommt dieses Menschenbild aber am unmittelbarsten zum Tragen, denn es wird sozusagen 1:1 auf den Patienten projiziert. Krankheit wird in diesem System unter anderem mit Karma und damit mit Verfehlungen aus früheren Leben assoziiert. Das Durchleiden von Krankheiten kann umgekehrt zu „geheiltem" Karma führen, von dem der Patient unter Umständen aber erst im nächsten Leben profitiert.

Die Sicht der anthroposophischen Medizin ist insofern nicht ganzheitlich, sondern magisch. Vom Krankheitsbild über die Diagnostik bis hin zur Therapie ist die anthroposophische Medizin durchsetzt von irrationalen, teils alchemistischen Vorstellungen. Sie arbeitet mit für Außenstehende willkürlichen Zuschreibungen.

Diese Zaubermedizin tritt in der Vorstellung ihrer Anhänger zumeist gegen ein bis zur Karikatur verzerrtes Bild der Schulmedizin an. Diese wird als kalte Apparatemedizin dargestellt, die mit Hilfe von pharmazeutischen Produkten (vermeintlich böser „Chemie") Krankheitssymptome behandelt, die wahren Ursachen für Erkrankungen aber nicht im Blick hat. Schon der Begriff Schulmedizin für die evidenzbasierte Medizin (der durchaus auch von „Schulmedizinern" verwendet wird), ist abwertend und führt in die Irre. Schulmediziner, so wird impliziert, haben ihr Wissen mehr oder weniger ausschließlich aus Schulbüchern und halten sich dogmatisch an dieses Wissen, während die Vertreter von Außenseitermethoden, wie der anthroposophischen Medizin, vermeintlich den ganzen, echten Menschen betrachten. Aber natürlich geht es auch in der evidenzbasierten Medizin um das Wohlergehen des Patienten. Keineswegs lässt sie Krankheitsursachen außer Acht. Je nach Indikation kann aber zunächst eine Bekämpfung von Symptomen im Vordergrund stehen. Auch Prophylaxe ist Teil evidenzbasierter Methoden. In der Zahnmedizin gibt es beispielsweise ein umfangreiches Prophylaxeprogramm, in dessen Rahmen Kinder in Kindertageseinrichtungen und Schulen gezielt angesprochen werden. Auch die Psychosomatik spielt in der evidenzbasierten Medizin eine Rolle. Mediziner und Krankenkassen fordern seit längerem eine bessere Bezahlung der sogenannten „sprechenden Medizin".[116] Die positiven Effekte ärztlicher Zuwendung sind gut belegt und bekannt, werden aber zugegebenermaßen schlecht bezahlt. Das führt dazu, dass Ärzte eher bestrebt sind, die Behandlung kurz zu halten, denn wer seinen Patienten viel Zeit schenkt, wird durch das Abrechnungssystem wirtschaftlich bestraft. Hier liegt möglicherweise ein Grund, warum Menschen sich Außenseitermethoden zuwenden und diese zum Teil selbst finanzieren.

Im Gegensatz zur anthroposophischen Medizin ist sich die evidenzbasierte Medizin aber ihrer Grenzen bewusst. Sie stochert nicht im biografischen Nebel, erst recht nicht im biografischen Nebel vorheriger Leben, um angebliche Krankheitsursachen zu finden und zu behandeln, für die es weder einen Beleg, geschweige denn eine plausible Erklärung gibt. Genau hier könnte aber die Attraktivität von Außenseitermethoden wie der anthroposophischen Medizin liegen: „Unzweifelhafte Sicherheit kann rationales Erkennen nicht liefern. Dies machen sich alternative Weltanschauungen zu nutze. Der vorsichtigen und zurückhaltenden Einstellung eines rational orientierten Mediziners setzen sie die selbstbewusste und durch keinen Zweifel eingeschränkte Gewissheit des Dogmatikers entgegen, die bei Patienten Überzeugungskraft besitzt und Eindruck macht."[117]

●●● Fazit: Die anthroposophische Medizin ist eine Pseudomedizin, die Magie als Ganzheitlichkeit verkauft. Sie arbeitet ohne wissenschaftlich fundierte Begründung ihrer Annahmen oder Wirksamkeitsnachweis, sondern beschränkt sich auf das okkulte Wissen von Rudolf Steiner und seinen Nachfolgern. Die grundlegenden Konzepte von Karma und Schicksal implizieren Schuld und zielen nicht nur auf das Diesseits ab. Sie erweitert insofern nicht den Blick der evidenzbasierten Medizin, sondern steht für einen Rückfall hinter die Errungenschaften der Aufklärung, in ein durch okkultes magisches Denken geprägtes Krankheits- und Therapieverständnis. ●●●●

3.2 Homöopathie und anthroposophische Medizin

●●● Behauptung: Homöopathie und anthroposophische Medizin sind mehr oder weniger das Gleiche. ●●●●●●

Hier handelt es sich um einen populären Irrtum. Die Homöopathie geht zurück auf Samuel Hahnemann (1755–1843), der seine Vorstellungen ab 1796, also mehr als hundert Jahre vor Steiners medizinischen Kursen, veröffentlichte.

Ein Grundsatz für die Homöopathie ist das sogenannte Simile-Prinzip (auch Ähnlichkeitsprinzip) „Ähnliches möge durch Ähnliches geheilt werden" (lat. similia similibus curentur). Der Grundstoff eines homöopathischen Arzneimittels solle demnach so ausgewählt werden, dass er unverdünnt bei Gesunden ähnliche Symptome hervorrufen solle, wie sie der Kranke zeige. Durch wiederholte Verdünnung der Grundsubstanzen im Verhältnis 1:10 oder 1:100 in Wasser oder Ethanol glaubt man, dass eine geistartige Kraft wirksam werde. Diese Kraft sei umso größer, je stärker die Verdünnung – im homöopathischen Jargon spricht man von Potenzierung. Häufig kommen sogenannte Hochpotenzen zum Einsatz. Diese werden bis weit über die Avogadrogrenze verdünnt, die angibt, ab welcher Verdünnung rechnerisch kein Teilchen des Ausgangsstoffes mehr zu erwarten ist.

Die Homöopathie baut auf dem Wissen der Zeit Hahnemanns auf. Doch bereits zu Steiners Zeiten war die wissenschaftliche Erkenntnis so weit vorangeschritten, dass berechtigte und substantielle Kritik geäußert wurde.[118]

Heute ist die Homöopathie wissenschaftlich sehr gut untersucht. Ein Wirksamkeitsnachweis ist trotz zahlreicher Untersuchungen nicht gelungen, wie immer wieder in Metastudien und Gutachten festgestellt wurde.[119] Ihre Grundannahmen widersprechen nach heutigem Kenntnisstand den Naturwissenschaften.

Rudolf Steiner war die Homöopathie sehr wohl bekannt, und er spricht sie auch in seinen medizinischen Kursen an. In der anthroposophischen Medizin werden Homöopathika allerdings anders eingesetzt als in der klassischen Homöopathie. So erfolgt die Auswahl nicht aufgrund des Ähnlichkeitsprinzips, sondern aufgrund des „Wesensbildes", das sich aus der Betrachtung von Substanz und Krankheit ergibt.[120] In der anthroposophischen Medizin geht man von einer dreigegliederten Wirkungskurve aus, d. h. je nach Potenz wirken anthroposophische Arzneimittel auf das Stoffwechsel-Gliedmaßen-System, das rhythmische System oder das Nerven-Sinnessystem. Potenzen über D30 ($1:10^{30}$) machen laut Steiner aber keinen Sinn, da der Mensch über das Nerven-Sinnessystem hinaus keine weiteren Systeme habe.[121]

●●● Fazit: Homöopathie kommt in abgewandelter Form in der anthroposophischen Medizin zum Einsatz. Steiner selbst kannte die Homöopathie und hat sich spätestens in den 1920er Jahren mit ihr beschäftigt und bei ihr bedient, um seine eigene Weltanschauung damit zu bestücken. Die anthroposophische Medizin ist daher ein sehr viel umfassenderes Konzept. Beiden ist die fehlende rational nachvollziehbare Fundierung und der fehlende wissenschaftliche Wirksamkeitsnachweis gemein. ●●●●●●●

3.3 Die Misteltherapie

●●● Behauptung: Eine Misteltherapie kann eine schulmedizinische Krebsbehandlung sinnvoll ergänzen. ●●●

Die Misteltherapie zur Behandlung von Krebserkrankungen ist das Aushängeschild unter den Behandlungen der anthroposophischen Medizin. Ihre Ursprünge gehen ausschließlich auf Rudolf Steiner zurück, der sie als Erkenntnis seiner geistigen Forschung präsentierte und behauptete, Krebs sei die Folge einer zu starken Kraft des Ätherleibs.

„Wie hat man sich also zum Beispiel zu verhalten bei so etwas wie dem Karzinom, Cancer? Wir haben gestern gesehen, der ätherische Leib entwickelt an der Stelle irgendeines Organs eine zu starke Kraft von sich aus. Die zentrifugalen Kräfte, das heißt, die in den Kosmos hinauswollenden Kräfte werden zu stark. Der astralische Leib und die Ich-Organisation sind nicht in der Lage, dem in genügender Art entgegenzuwirken." (GA 319, S. 229)

Um die Kraft des Ätherleibs zurückzudrängen, präsentiert Steiner die Mistel, deren angebliche Wirkung er mit einem Analogieschluss erklärt. Die Mistel als parasitäre Pflanze verfüge über einen eigenen Ätherleib und würde den Ätherleib des Baumes zurückdrängen. Injiziert man nun ein speziell verarbeitetes Mistelpräparat, so wird der Ätherleib zurückgedrängt und der Astralleib gestärkt.

„Die Mistel übernimmt als äußere Substanz dasjenige, was wuchernde Äthersubstanz beim Karzinom ist, verstärkt dadurch, daß sie die physische Substanz zurückdrängt, die Wirkung des astralischen Leibes und bringt dadurch den Tumor des Karzinoms zum Aufbröckeln, zum In-sich-Zerfallen." (GA 319, S. 232)

Die anthroposophische Ärztin und Steiner-Vertraute Ita Wegmann entwickelte nach Steiners Anregungen ab 1917 entsprechende Präparate, die unter die Haut injiziert werden. Obwohl diese Therapie seit rund einhundert Jahren im Einsatz ist, ist ein positiver Effekt auf die Lebensqualität oder die Prognose von Tumorpatienten wissenschaftlich nicht belegt. Zwar gibt es scheinbar positive Studienergebnisse, systematische Reviews offenbaren dabei aber immer wieder die Vielzahl an Studien mit gravierenden methodischen Mängeln.[122] Neben dem unbelegten Nutzen gibt es aber Nebenwirkungen, die von häufig auftretenden Hautreizungen um die Einstichstelle über Fieber und allergische Reaktionen bis hin zu einem beschleunigten Tumorwachstum reichen.[123] Die häufig auftretenden Hautreizungen erschweren auch kontrollierte Studien mit Verblindung. Von einfacher Verblindung spricht man, wenn der Patient nicht weiß, ob er das zu testende Mittel (Verum) oder ein Scheinmedikament (Placebo) bekommt; doppelte Verblindung bedeutet, dass auch der behandelnde Arzt die Zuordnung nicht kennt. Ohne weitere Vorkehrungen könnte man Patienten mit einer entsprechenden Hautreaktion einfach der Verumgruppe (die das zu testende Mittel bekommt) zuordnen, denn ein Placebo löst eine solche Reaktion nicht aus.

Weil dem nicht nachgewiesenen Nutzen teils gravierende Nebenwirkungen gegenüberstehen, raten Experten z. B. vom *Krebsinformationsdienst* oder dem amerikanischen *National Cancer Institute* (NCI) von einer Misteltherapie ab.

●●● Fazit: Es gibt keine nachvollziehbare Erklärung jenseits der anthroposophischen Weltanschauung für den Wirkmechanismus von Mistelpräparaten. In rund einhundert Jahren ihres Einsatzes konnte ihre Wirksamkeit weder in Bezug auf die Lebensqualität noch die Prognose von Tumorpatienten nachgewiesen werden. Auf der anderen Seite haben Mistelpräparate unerwünschte Nebenwirkungen, sodass man sich dem Urteil von Edzard Ernst anschließen kann, der in den vergangenen Jahrzehnten eine Vielzahl von Studien und Reviews zur anthroposophischen Medizin und anderen Außenseitermethoden vorgelegt hat:

„Trotz der Verrücktheit dieses Konzepts und der weitgehend negativen Befunde, ist Mistel als Krebsheilmittel vor allem im deutschsprachigen Raum sehr beliebt. Die Frage, die ich mir stelle, ist folgende: Ist es nicht Zeit, dass dieser Unsinn aufhört?"[124] ●●●●●●●●●●

3.4 Masern als „Entwicklungschance"

●●● These: Masern und andere Kinderkrankheiten, bieten Entwicklungschancen und verlaufen bei Kindern meist harmlos. Deshalb sollte man sich gut überlegen, ob man sein Kind impfen lässt. Anthroposophen stehen deshalb für einen freien Impfentscheid. ●●●●●●●●●

In der Waldorf-Verbandszeitschrift *Erziehungskunst*, die an alle Waldorfelternhäuser verteilt wird, erschien im September 2015 ein Artikel der dreifachen Mutter Sara Koenen.[125] Sie beschreibt darin die Masernerkrankung ihrer Kinder, die sie willentlich in Kauf nimmt, als Familienidylle. Die Erkrankung wird metaphorisch zur romantischen Bergtour verklärt. Die Metapher dient dem Artikel als roter Faden. „Es ist ein steiniger Weg, der zum Gipfel führt, anstrengend und mühevoll, ein schmaler Grat. Mit Ehrfurcht erfüllt mich der Berg. Manche sind umgekehrt. Manche haben es nicht geschafft. Jeder Atemzug, jeder Schritt, kann schmerzen, kann sich aber auch lohnen. Wenn ich den Gipfel erreicht habe: welch ein Triumpf! Ich habe es geschafft! Die Aussicht. Eine ganz neue Sichtweise", überlegt sich die Autorin am Anfang der Schilderung des Krankheitsverlaufs mit eindeutig sozialdarwinistischer Note. Ist der „Berg" Masern zu stark, bist du zu schwach. Die Stadien der Erkrankung werden durchweg positiv gedeutet, obwohl die Kinder so schwere Symptome zeigen, dass sie ins Krankenhaus müssen. Am Ende sind alle „über den Berg" und die Autorin ist dankbar für die „besondere, intensive Zeit" mit ihrer Familie, die sie als Segen empfunden habe. Der ganze Artikel liest sich geradezu als Werbung für die Masernerkrankung.

Im anthroposophischen Krankheitsverständnis haben Krankheiten einen Sinn, mitunter sogar eine Aufgabe für die persönliche Entwicklung über die aktuelle Inkarnation hinaus. Goebel & Glöckler bezeichnen das „Im-Leid-Erfahrung-Sammeln" als „spezifisch menschlich".[126] „Jede

Auseinandersetzung mit einer solchen Krankheit stellt eine Einseitigkeit dar, die das Ich des Kindes zur Neuordnung des Zusammenspiels der Wesensglieder aufruft. Sieht man bloß auf die 'Krankheitserreger' und hält deren Auftreten für die Ursache und deren Verschwinden für die Heilung, so bleiben die wichtigsten Fragen offen: (…) Der eine hat die Masern schwer und den Scharlach leicht durchgemacht, der andere umgekehrt. Der eine bekommt keinen Keuchhusten, der andere keinen Mumps, usw. Gerade in diesem individuellen Ergreifen von Erkrankungsmöglichkeiten zeigt sich etwas vom Wesen des betreffenden Menschen, auf das wir für gewöhnlich nicht achten. Die Frage ist nur, auf welchem Wege sich die spezifische Anfälligkeit für eine bestimmte Krankheit bildet. Diese Frage hat Rudolf Steiner geisteswissenschaftlich erforscht."[127]

Die *Gesellschaft Anthroposophischer Ärzte in Deutschland* (GAÄD) schreibt auf ihrer Homepage über die „Entwicklungschancen", die in der Masernerkrankung lägen: „Die Frage nach dem möglichen Sinn einer Krankheit wird nur selten gestellt. Aufmerksame Eltern erleben gerade bei den Masern oft eine tiefgreifende Reifung ihres Kindes. (...) Durch das Fieber überwindet das Kind nicht nur die Maserninfektion, sondern individualisiert dabei seinen Organismus. Die Regulation des Immunsystems kann dabei ausreifen, die jeder Mensch individuell erlernen und erwerben muss. Es gibt inzwischen zahlreiche Hinweise darauf, dass hochfieberhafte Erkrankungen im frühen Kindesalter, zu denen auch die Masern zählen, sich auf die Reifung des Immunsystems günstig auswirken können."[128] 60% der Eltern einer Befragungsstudie hätten zudem angegeben, dass ihr Kind einen erfreulichen Entwicklungsfortschritt gemacht habe, heißt es an gleicher Stelle. Dass eine einfache Befragung der Eltern nur zu sehr subjektiven und fehleranfälligen Ergebnissen führen kann, liegt auf der Hand. Zum einen machen gerade jüngere Kinder innerhalb kurzer Zeitabstände auch ohne schwere Erkrankungen erfreuliche Entwicklungsfortschritte, zum anderen ist es nicht unwahrscheinlich, dass die Eltern einen Entwicklungsschub wahrnehmen, wo objektiv keiner (oder kein nennenswerter) ist. Schließlich haben diese Eltern ihr Kind über Wochen durch die Masern stark geschwächt erlebt. Nicht selten enden Masernerkrankungen, auch ohne dass besondere Komplikationen auftreten, im Krankenhaus. Vor allem ist die „Reifung des Immunsystems", von der die Rede ist, anthroposophisches Wunschdenken und keine wissenschaftlich haltbare Erkenntnis. Das Bundesgesundheitsministerium äußert sich dazu unmissverständlich: „Eine durchgemachte Kinderkrankheit stärkt nicht unbedingt den Organismus des Kindes, sondern schwächt, z. B. durch hohes Fieber, über viele Tage den Körper. Mögliche Folgen wie eine Gehirnentzündung bei Masern, die zu einer lebenslangen geistigen Behinderung führen kann, werden dabei oft außer Acht gelassen. Rudolf Steiner entwickelte zwar vor etwa 100 Jahren die These, dass jede durchgemachte Kinderkrankheit einen Entwicklungsschub bedeute und den Menschen nach vorne bringen könnte, hierfür fehlen jedoch wissenschaftliche Beweise."[129]

Masern sind alles andere als eine harmlose Kinderkrankheit. Sie gehen mit hohem Fieber bis 41 °C, Kopfschmerzen, Übelkeit, Entzündungen der Schleimhäute in Mund und Rachen, teilweise auch des mittleren Atemtraktes, sowie einem großfleckigen Hautausschlag am ganzen Körper einher. In 20-30% der Fälle kommt es zu zusätzlichen Begleiterscheinungen wie Durchfall, Mittelohr- oder Lungenentzündungen. In einem von 1000 Fällen kommt es zu einer Entzündung des Gehirns und seiner Häute (Meningoenzephalitis), von denen 15-20% der Betroffenen sterben, bei 20-40% bleiben irreparable Hirnschäden zurück. Eine weitere gefürchtete Komplikation ist die subakute sklerosierende Panenzephalitis (SSPE). Sie tritt als Spätfolge einer Maserninfektion erst durchschnittlich sechs bis acht Jahre nach der ursprünglichen Erkrankung auf und führt zu schwersten Schädigungen des Gehirns, die in 95% der Fälle tödlich endet. Die Angaben zur Häufigkeit von SSPE liegen bei vier bis 60 Fällen pro 100.000 Masernerkrankungen.[130]

Diese Komplikationen werden von anthroposophischen Medizinern nicht geleugnet, es wird meist jedoch besonders betont, dass schwere Krankheitsverläufe im Kindesalter selten seien. Trotz teilweise tödlicher Verläufe treten anthroposophische Mediziner für eine „individuelle Impfentscheidung" ein und organisieren sich in Lobbyorganisationen, wie der GAÄD oder dem Verein *Ärzte für individuelle Impfentscheidung e.V.* Letzterem steht der anthroposophische Kinderarzt Stefan Schmidt-Troschke vor. Nicht immer wird bei öffentlichen Auftritten des Vereins die Nähe zur Anthroposophie deutlich, und es dürfte nicht jedem klar sein, dass sich Entwicklungschancen, im anthroposophischen Kontext von Schicksal und Karma, mitunter erst im nächsten Leben erfüllen.

Die vermeintlich freie Impfentscheidung, für die Anthroposophen eintreten, ist ohnehin eine Täuschung. Impfkomplikationen werden stark übertrieben, Krankheitsverläufe und Komplikationen bei der Erkrankung an Kinderkrankheiten heruntergespielt. Darüber hinaus werden, aus wissenschaftlicher Sicht unhaltbare, positive Effekte auf die Entwicklung im Falle einer Masernerkrankung versprochen. In dem (falschen) Bild, das die anthroposophische Medizin zeichnet, muss man sich also zwischen einer harmlosen Kinderkrankheit, die sich positiv auf das weitere Leben des Kindes auswirkt, auf der einen Seite und einer Impfung, die die Chancen der Krankheit vergibt und mit schweren Nebenwirkungen verbunden sein kann, auf der anderen Seite entscheiden.

Eine bewusste Entscheidung gegen eine Impfung, z. B. gegen Masern, hat dabei auch gesamtgesellschaftliche Auswirkungen. Erreicht man einen, je nach Krankheit unterschiedlichen, Schwellenwert für Herdenimmunität in der Gesellschaft, so kann sich die Krankheit nicht weiter verbreiten, weil zu viele Individuen in der Bevölkerung geschützt sind und der Erreger nicht weiter zirkulieren kann. Bei Masern liegt dieser Wert bei rund 90%. Durch die Herdenimmunität werden auch Menschen, die z. B. aufgrund von Erkrankungen oder weil sie noch zu jung sind, nicht geimpft werden können, geschützt.

●●● Fazit: Die freie Impfentscheidung, für die die anthroposophische Medizin eintritt, ist genauso wenig frei, wie die anthroposophische Weltanschauung. Die Deutung von Krankheit vor dem Hintergrund von Karma und Schicksal hat mitunter fatale Folgen. Nicht zuletzt durch die anthroposophische Lobbyarbeit ist die Impfkritik gesellschaftsfähig geworden. Seit 2007 sind in Deutschland rund 300 Menschen an Masern oder ihren Spätfolgen gestorben. Wären die Impfraten ausreichend hoch könnten die Menschen in Deutschland längst von Herdenimmunität profitieren. Die Masern wären ausgerottet. Entgegen der anthroposophischen Ansicht ist aus aufgeklärter Sicht weder Nutzen noch Sinn einer Masernerkrankung zu erkennen. Selbst ohne schwere Komplikationen bedeutet sie wochenlanges, sinnloses Leiden. Die impfkritische Haltung der anthroposophischen Medizin wirkt auf diese Weise zum Schaden der Gesellschaft und nimmt dabei billigend in Kauf, dass auch heute noch Menschen in Deutschland an Masern sterben. ●●●●●●●●

3.5 Anthroposophische Arzneimittel

●●● Behauptung: Anthroposophische Arzneimittel sind auf ihre Wirksamkeit und Sicherheit hin geprüfte und zugelassene Arzneimittel. ●●●●●●●●●●●●●●●●●●

Für anthroposophische Arzneimittel, Homöopathika und Phytotherapeutika gelten in Deutschland besondere Spielregeln. Diese sind im Arzneimittelgesetz und im Krankenkassenrecht, nach dem Fünften Buch Sozialgesetzbuch (SGB V), festgelegt. Diese Regelungen werden auch als sogenannter Binnenkonsens bezeichnet. Für Mittel der genannten Therapierichtungen sieht das deutsche Arzneimittelgesetz vor, dass bei der Erteilung bzw. Verlängerung einer Vermarktungserlaubnis die „medizinischen Erfahrungen" bzw. „die Besonderheiten" dieser Therapierichtungen zu berücksichtigen sind.[131]

Im SGB V heißt es im § 135: „Neue medizinische Verfahren können nur dann von Krankenkassen bezahlt werden, wenn ihre Wirksamkeit nach dem jeweiligen Stand der wissenschaftlichen Erkenntnisse *in der jeweiligen Therapieform* anerkannt ist." Die (von mir) hervorgehobenen Wörter wurden erst 1997 auf Betreiben der CDU-Bundestagsabgeordneten Beatrix Philipp eingefügt. Grundlage war ein Rechtsgutachten, das im Auftrag des anthroposophischen Interessenverbandes *Europäischer Verbraucher-Verband für Naturmedizin* durch Rüdiger Zuck, Autor des Buches *Das Recht der anthroposophischen Medizin*, erstellt wurde. Laut *Spiegel* hatte Zuck „in seinem Gutachten erkannt, daß es 'mißlich wäre', an 'besondere Therapierichtungen' den Standard der wissenschaftlichen Medizin anzulegen. Weil die Exoten 'in Qualität und Wirkung' nicht deren Stand entsprächen, bekämen sie so niemals einen Fuß in das deutsche Gesundheitssystem."[132]

Anthroposophische Arzneimittel gelangen, wie Homöopathika oder Phytotherapeutika, durch diese Regelungen ohne klinische Studien auf den Markt. Eine Begutachtung erfolgt allenfalls durch eine Kommission des Bundesamtes für Arzneimittel, in der die Vertreter der jeweiligen Therapierichtung das Sagen haben. Es zählt also der Binnenkonsens – anthroposophische Mediziner erkennen anthroposophische Arzneimittel nach ihren Maßstäben an, und nach der Anerkennung wird ebenso im Binnenkonsens über die Erstattungsfähigkeit entschieden. Dieses Verfahren wird von Experten stark kritisiert.[133]

Patienten können daher nicht darauf vertrauen, dass mit der Zulassung eines anthroposophischen Arzneimittels auch Schadenspotential und Nutzen untersucht und gegeneinander abgewogen wurden. Während die Nebenwirkungen von evidenzbasierten Arzneien durch Ärzte gemeldet werden müssen, gilt dies für die Mittel der besonderen Therapieformen nicht.

●●● Fazit: Durch großzügige gesetzliche Regelungen genügt der Binnenkonsens, um ein anthroposophisches Arzneimittel zuzulassen. Eine wissenschaftliche Überprüfung der Wirksamkeit und möglicher Risiken erfolgt nicht. Anthroposophische Arzneimittel können aber, anders als homöopathische Hochpotenzen, durchaus Wirkstoffe enthalten, die zu unerwünschten Effekten führen. Aufgrund der fehlenden Daten zur Unbedenklichkeit besteht ein schwer einzuschätzendes Risiko für Patienten, sodass auch von einem Einsatz als Placebo abgesehen werden sollte. ●●●●●●

4 Biologisch-dynamische Landwirtschaft

Die anthroposophische Landwirtschaft ist zeitlich das letzte von Steiner aus der Taufe gehobene Praxisfeld. Eine Tagungswoche im schlesischen Koberwitz (heute polnisch Kobiercyce), im Juni 1924, bildete „den weltanschaulichen Gründungsakt, der zugleich Steiners Schlußwort blieb".[134] Der gesundheitlich stark angeschlagene Steiner hielt acht Vorträge, eine Ansprache und beantwortete zudem Fragen der Teilnehmer (zusammengefasst in Band 327 der GA). Der heute gebräuchliche Begriff der biologisch-dynamischen Landwirtschaft entstand erst in der zweiten Hälfte der 1920er Jahre und wurde von Steiner nicht benutzt. Die Verwertungsgesellschaft *Demeter* wurde 1930 gegründet.

Wie auf den anderen Praxisfeldern griff Steiner auf seine esoterischen Vorstellungen zurück. In Abgrenzung zur „materialistischen", auf biochemische Vorgänge fokussierten, konventionellen Landwirtschaft, sah er „geistige" und „kosmische" Wechselwirkungen am Werk.

„'Wir haben ja angeführt, wie man streng unterscheiden müsse zwischen denjenigen Kräften, die im Pflanzenwachstum [d. h. »materialistisch« analysierbar] sind, und die aus dem Kosmos zwar stammen, aber vom Kosmos zuerst in die Erde aufgenommen werden und von der Erde aus auf das Pflanzenwachstum wirken. Diese Kräfte, die also im wesentlichen herstammen aus den kosmischen Einflüssen, wie ich gesagt habe, von Merkur, Venus und dem Monde, aber die nicht direkt von diesen Planeten wirken, sondern auf dem Umwege durch die Erde wirken, diese Kräfte hat man zu berücksichtigen, wenn es sich darum handelt, zu verfolgen dasjenige, was nach einer Mutterpflanze wieder eine Tochterpflanze hervorruft und so weiter.' (GA 327,150) Am Pflanzenwachstum ist der ganze Himmel mit seinen Sternen beteiligt! (ebd., 22); es wirke 'der Weltenraum mit seinen Kräften auf das Irdische' (ebd., 51)."[135]

Es finden sich auch die organizistischen Vorstellungen, die uns bereits mehrfach begegnet sind. Der landwirtschaftliche Betrieb ist ein individueller Organismus, für den Mensch und Kosmos Modelle sind (vgl. 3 Anthroposophische Medizin). Die Wechselbeziehungen von Feldbau, Tierhaltung, ungenutzter Natur, Boden, Pflanzen usw. sind vergleichbar mit den Wechselbeziehungen menschlicher Organe, die wiederum vergleichbar mit den Wechselbeziehungen der Planeten sind.[136] „Es ist wirklich solch eine Landwirtschaft ein Organismus." (GA 327, S. 202) Der Boden sei mit einem Organ, dem „menschlichen Zwerchfell", vergleichbar (ebd., S. 44), die Atmosphäre ähnlich „demjenigen, was im Menschen Unterleibsorgan ist" (ebd., S. 49).

Es gilt auch in der anthroposophischen Landwirtschaft, einen Ausgleich zwischen den einzelnen „Organen" des Betriebes zu erreichen. Übermäßiger Schädlingsbefall ist nach diesem Verständnis als eine Krankheit infolge eines gestörten Gleichgewichts zu verstehen, das es wiederherzustellen gilt.

Die Ziele biologisch-dynamischer Landwirtschaft korrespondieren durchaus mit heutigen nachhaltigen und ökologischen Ansätzen. Es soll eine „nachhaltige Fruchtbarkeit, Ertragskraft und Gesundheit der Landwirtschaft sowie die Nahrhaftigkeit der Erzeugnisse"[137] angestrebt werden. Die Auffassung darüber, was als nahrhaftes Erzeugnis anzusehen ist und wie man die anderen Ziele erreicht, sind allerdings von esoterischen anthroposophischen Vorstellungen durchsetzt.

Die anthroposophischen Landwirte, sollten zu einer spirituellen Anschauung der Landwirtschaft kommen. Sie sollten „beim 'Meditieren' 'allmählich herein in ein Erleben des Stickstoffs rings um Sie herum' wachsen (ebd., 77), deshalb konnte er von den 'Offenbarungen des Stickstoffs' reden", die den hellsehenden und „hellriechenden" (Zander) Landwirten gewahr würden.[138]

Kosmische Einflüsse sind allgegenwärtig, Mondphasen und Planetenkonstellationen spielen ebenso eine Rolle, wie Tageszeiten. Eine wissenschaftliche Grundlage oder plausible Erklärung fehlt.

Durch besondere biologisch-dynamische Präparate soll der Organismus gesund bleiben, ihr Einsatz ist nach den *Demeter*-Richtlinien Vorschrift. Diese Präparate werden aus Mineralien, Pflanzen oder Tieren, bzw. deren Bestandteilen hergestellt (vgl. Tabelle unter Hüllenanthropologie, S. 45).

Es kommt beispielsweise Hornmist zum Einsatz. Kuhhörner werden dazu mit Kuhmist gefüllt und im Herbst im Boden vergraben. Im Frühjahr werden die Kuhhörner ausgegraben, der Kuhmist ausgeschabt und auf eine bestimmte Art in Wasser verrührt. Dadurch werden die kosmischen Kräfte auf das Wasser übertragen und das so „dynamisierte" Wasser fein dosiert auf Felder und Wiesen gespritzt. Es gibt keinerlei Nachweis der Wirksamkeit dieses aufwendigen Verfahrens.

Weil ein geschlossener Betriebskreislauf (analog zu einem autarken Organismus) angestrebt wird und Hornmist für den biologisch-dynamischen Landbau erforderlich ist, halten die meisten biologisch-dynamischen Betriebe Milchkühe.[139] Erwähnenswert ist, dass nach den *Demeter*-Richtlinien vergleichsweise hohe Tierwohlstandards gelten (vgl. Das Demeter-Siegel ist das strengste unter den Bio-Gütesiegeln, S. 155).

Synthetische Mittel, wie Kunstdünger, Herbizide oder Pestizide, sind verboten. Die Unterscheidung zwischen „synthetisch" und „natürlich" wird wissenschaftlich jedoch kritisiert, weil „natürlich" nicht gleichbedeutend mit „ungiftig" oder „unbedenklich" ist.[140] Wie auch bei anderen Formen des Öko-Landbaus kommt beispielsweise Kupfersulfat zum Einsatz, das in Böden und Gewässern giftig wirkt und dessen Einsatz den Zielen des biologisch-dynamischen Landbaus diametral entgegensteht.

4.1 Vergleich zum ökologischen Landbau

●●● Behauptung: Biologisch-dynamische Landwirtschaft ist eine von vielen Formen des Öko-Landbaus. ●●●●●●

Wie wir gesehen haben, gibt es Gemeinsamkeiten und Unterschiede zwischen biologisch-dynamischem Landbau und anderen Formen der ökologischen Landwirtschaft. Die biologisch-dynamische Landwirtschaft ist eben nicht nur ökologisch sondern auch esoterisch und dogmatisch. Während neue wissenschaftliche Erkenntnisse, im Rahmen der Grundsätze der ökologischen Landwirtschaft, Eingang finden können, beschränkt sich die biologisch-dynamische Landwirtschaft auf die höhere Einsicht von Rudolf Steiner. Ihre Wirkungsweise entzieht sich wissenschaftlicher Erklärbarkeit. All die behaupteten kosmischen Zusammenhänge können wissenschaftlich nicht überprüft werden, man muss an sie glauben und der Verbraucher muss diesen Glauben mitbezahlen, weil beispielsweise das Herstellen und Anwenden biologisch-dynamischer Präparate aufwendig ist und den esoterisch-rituellen Handlungen kein nachweisbarer Nutzen gegenübersteht. Eine Landwirtschaft, die immer wieder auf die Hellsicht ihrer Begründers zurückgeworfen wird, limitiert sich selbst in jedweder Hinsicht – auch in der Erreichung ihrer eigenen Ziele. Holger Kirchmann kommt zu dem Schluss, dass Steiners Ideen ungeeignet seien, zu einer alternativen und nachhaltigen Landwirtschaft beizutragen.[141] Vergleichsuntersuchungen zeigen erwartungsgemäß keine überzeugenden Ergebnisse, die für den Einsatz biologisch-dynamischer Methoden in der Landwirtschaft sprechen.[142]

●●● Fazit: Die biologisch-dynamische Methode unterscheidet sich durch den esoterischen Überbau und das Anwenden magischer Rituale von anderen Arten des ökologischen Landbaus. Experten plädieren daher dafür, beide nicht synonym zu verwenden.[143] Es gibt keinen Nachweis, dass die biologisch-dynamischen Methoden Vorteile gegenüber dem ökologischen Landbau haben. ●●●●●●

4.2 Bioverband Demeter

●●● Behauptung: Das *Demeter*-Siegel ist das strengste unter den Bio-Gütesiegeln. ●●●●●●●●●●●●●●●●●

Demeter ist laut eigenen Angaben der älteste Bioverband in Deutschland. Er wurde bereits 1930 gegründet. In Deutschland werden rund 82.000 Hektar Fläche von über 1500 *Demeter*-Landwirten bewirtschaftet. Ihre Produkte finden sich in den Regalen von Reformhäusern, Bioläden und Drogeriemärkten mit und ohne anthroposophischen Hintergrund. Das *Demeter*-Siegel gilt als besonders streng. „Aufgrund der lebendigen Kreislaufwirtschaft gilt die *Demeter*-Landwirtschaft als nachhaltigste Form der Landbewirtschaftung und geht weit über die Vorgaben der EU-Öko-Verordnung hinaus", schreibt der Verein auf seiner Homepage.[144]

Praktisch alle Biosiegel machen strengere, über die EU-Öko-Verordnung hinausgehende, Vorgaben. Neben strengen Vorschriften, z. B. zur Tierhaltung, enthalten die *Demeter*-Richtlinien allerlei Vorgaben, die sich aus dem esoterischen anthroposophischen Überbau ableiten und aus kritischer Perspektive keinerlei nachweisbaren Nutzen haben.

●●● Fazit: Alle großen Bioverbände haben strengere Vorschriften, als die EU-Ökoverordnung. Sie sind untereinander aber weitestgehend gleich. Lediglich bei der Legehennenhaltung sieht *Demeter* mehr Platz für die Tiere (4,4 Tiere/m²) vor als die Mitbewerber und die EU-Öko-Verordnung (jeweils 6 Tiere/m²). Davon abgesehen besteht aus Nachhaltigkeits- oder Tierschutzgründen keine Notwendigkeit *Demeter*-Produkte denen der anderen großen Bioverbände vorzuziehen und den esoterischen Überbau mitzubezahlen. ●●●●●●●●●●

5 Politik, Wirtschaft und Lobbygruppen

„Hier bin ich Mensch, hier kauf ich ein", wirbt die anthroposophienahe Drogeriekette *dm*. Der anthroposophische Bio-Lebensmittelhändler *Alnatura* schreibt sich den Slogan „Sinnvoll für Mensch und Erde" auf die Fahne. Es ist auffällig, dass der Mensch im Mittelpunkt anthroposophischer Werbebotschaften steht. Was sicher auch dem Ego des Materialisten schmeichelt, hat aber (auch) einen weltanschaulichen Hintergrund. Der Mensch ist nicht nur das Zentrum kapitalistischer Interessen, er ist das Zentrum des Kosmos. Die Anthroposophie geht von der Höherentwicklung des Menschen und der Menschheit aus und schließt mit der Dreigliederung (vgl. 1.5 Dreigliederung des sozialen Organismus) auch eine gesellschaftliche Utopie ein. Es ist daher nicht verwunderlich, dass Anthroposophen und anthroposophische Interessengruppen versuchen, auch in der Politik und der Wirtschaft Einfluss zu nehmen.

Allerdings ist es im wirtschaftlichen Bereich, im Bankenwesen und bei Lobbygruppen am schwierigsten, an verlässliche Informationen zu gelangen, denn wirtschaftliche Unternehmen und Banken lassen sich ungern in die Karten schauen. Es ist nicht leicht, die Unternehmenskultur, die sie propagieren, an ihrer Praxis zu messen. Neben öffentlichkeitswirksamer Arbeit spielt sich ein großer Teil der Arbeit von Lobbygruppen unabhängig von deren Zielrichtung im Verborgenen ab.

5.1 Anthroposophie und Politik

●●● Behauptung: Die Anthroposophie spielt in den großen Parteien keine Rolle. ●●●●●●●●●●●●●●●●●●

Anthroposophen treten selten offensiv mit ihrer Weltanschauung auf (vgl. 1.3 Täuschung als Prinzip: Die Drachenformel), das heißt aber nicht, dass Anthroposophen keinen
Einfluss in Parteien hatten, bzw. haben. Otto Schily gilt
beispielsweise als Anhänger der Dreigliederung. Er stammt
aus anthroposophischem Hause, sein Bruder Konrad war bis
2004 einige Jahre Präsident der anthroposophischen Privat-
universität in Witten/Herdecke. Otto Schily war Gründungs-
mitglied der Grünen, wechselte zur SPD und legte dort eine
steile Karriere hin, die ihn unter Kanzler Schröder in das
Amt des Bundesinnenministers führte.

Gut belegt, aber einer breiteren Öffentlichkeit wenig bekannt ist, dass die Anthroposophie eine Gründungsströmung
der Grünen in Deutschland ist. In Baden-Württemberg wurde der Landesverband maßgeblich von den Anthroposophen
des Achberger Kreises mitaufgebaut. Der prominenteste Anthroposoph bei den Gründungs-Grünen war der Künstler Joseph Beuys, ebenfalls im Achberger Kreis aktiv, der für die
Grünen sogar für den Bundestag kandidierte, der aber auch
Beziehungen zu verschiedenen ökofaschistischen Gruppie-
rungen und Altnazis hatte.[145] Beuys hatte in den Gründungs-
jahren großen Einfluss auf die Grünen. Claudia Roth schrieb
2011 zu Beuys' 25. Todestag: „Wir Grünen haben Joseph
Beuys viel zu verdanken. Als einer der Gründer hat er unsere Partei wesentlich geprägt. Seine Forderungen nach mehr
Bürgerbeteiligung, ökologischem Handeln, Emanzipation
und Selbstbestimmung sind für uns Grüne bis heute Maßstab
und Grundwerte unserer Politik."[146]

Der Achberger Kreis und Beuys versuchten, allerdings
ohne Erfolg, die Dreigliederungsidee im Grünen Partei-
programm zu verankern. Die Anthroposophen sind heute

innerhalb der Grünen weitgehend marginalisiert, diese nehmen aber gegenüber den anthroposophischen Praxisfeldern immer wieder eine wohlwollende, bisweilen auch protegierende Haltung ein. Die ehemalige Gesundheitsministerin in NRW, Barbara Steffens, lobte als Schirmherrin bei ihrem Besuch des Gesundheitskongresses Anthroposophische Medizin in Dortmund 2012 die Bedeutung der Anthroposophischen Medizin als Teil des Gesundheitssystems. „Kernelement der Anthroposophischen Medizin ist die ganzheitliche Betrachtung des Menschen. Das macht sie für viele Patientinnen und Patienten so bedeutsam", sagte die Ministerin.[147]

Heute spielen Anthroposophen eher in Lobbygruppen und -vereinen eine Rolle, häufig ohne, dass der anthroposophische Hintergrund deutlich wird. So sind viele Gruppen, die sich für ein bedingungsloses Grundeinkommen oder direkte Demokratie einsetzen, maßgeblich anthroposophisch geprägt.[148]

●●● Fazit: Die Anthroposophen haben bei der Gründung der Grünen eine wichtige Rolle gespielt, die bis heute nachwirkt. Vor allem die Dreigliederungsidee war und ist in der aktuellen Parteienlandschaft aber nicht durchsetzbar und so sind Anthroposophen heute eher in Lobbyverbänden, wie den diversen Initiativen für ein bedingungsloses Grundeinkommen, anzutreffen. Anthroposophische Lobbygruppen, wie die in Brüssel tätige *Europäische Allianz von Initiativen Angewandter Anthroposophie*, kurz ELIANT, üben aber einen nicht zu unterschätzenden Einfluss auf die Politik aus. ●●●●●●●●●

5.2 Anthroposophienahe Unternehmen

●●● **Behauptung**: Anthroposophische Unternehmen und
Banken haben eine hohe unternehmerische Ethik. ●●●●

Das Handeln von anthroposophisch geprägten Unternehmen und Banken von reinen Lippenbekenntnissen aus
Pressemitteilungen und sonstigen Marketingmaßnahmen
zu unterscheiden, ist nicht einfach und gerät zwangsläufig
anekdotenhaft. Die wenigsten Unternehmen gewähren einen
unverfälschten und umfassenden Einblick in ihr tägliches
Geschäft. Da machen anthroposophisch geprägte Unternehmen keine Ausnahme.

Der vielleicht bekannteste anthroposophische Unternehmer in Deutschland ist wohl der Gründer der Drogeriekette DM, Götz Werner, der das Unternehmen bis 2008 leitete
und in den Aufsichtsrat wechselte. Werner tritt für ein bedingungsloses Grundeinkommen und ein „am Menschen"
orientiertes Unternehmensmodell ein. Gerne spricht er darüber, dass DM seine Lehrlinge, die er „Lernlinge" nennt,
weil das die Selbstverantwortung stärker betone, in den
ersten beiden Ausbildungsjahren an Workshops mit ästhetisch-künstlerischen Inhalten wie Tanz, Theater oder Gesang
teilnehmen lässt. DM spricht selbst nicht über Gewinne.
Stattdessen erteilt man lieber Auskunft über soziales Engagement, die Investitionen in die eigenen Läden oder den
Erfolg beim Kunden. Lieber spricht der heutige DM-Chef
von „systematischer Gewinnminimierung", vermutlich weil
zu große Gewinne ein Ungleichgewicht im „Unternehmens-
organismus" bedeuten würden.[149] Geld gilt Anthroposophen
als Inbegriff des ahrimanischen Materialismus. Nichtsdestotrotz ist DM ein kapitalistisch orientiertes Unternehmen, in
dessen Produkten z. B. Palmöl steckt, dessen Gewinnung,
oft unter menschenunwürdigen Bedingungen, so gar nichts
mit dem nachhaltigen Image zu tun hat. Auch Textilien aus
Bangladesh hat DM im Angebot, wie der *ARD Markencheck*

aufdeckte. Eine enge Kooperation mit dem anthroposophischen Lebensmittelhersteller *Alnatura* ließ DM auslaufen und ersetzte die Produkte durch Eigenmarken. Ein brutaler Schlag für *Alnatura* und seinen Gründer Götz Rehn. Götz Werner wollte seinem ehemaligen Geschäftspartner und Anthroposophen Rehn zwischenzeitlich sogar die Rechte an der Marke *Alnatura* streitig machen. Das Unternehmen *Alnatura* seinerseits versuchte in einer Filiale in Bremen mit allen juristischen Mitteln und unlauteren Wahltricks, einen Betriebsrat zu verhindern, und verlor damit vor Gericht.[150]

Steiner selbst sprach von „bedürfnisorientiertem Einkommen", zumindest für Arbeiter.[151] Götz Werner zählt mit einem geschätzten Vermögen von 1,1 Milliarden Euro zu den reichsten Deutschen. Es ist nicht zu leugnen, dass das anthroposophische Vorzeigeunternehmen hinter der menschenfreundlichen und sozial engagierten Fassade nicht weniger gewinnorientiert und mit aller Härte am Markt agiert, als die Mitbewerber, höchstens erfolgreicher.

Gewinne sind auch anthroposophischen Bankhäusern wie der GLS-Bank (GLS steht für *Gemeinschaft für Leihen und Schenken*) scheinbar unangenehm. Stattdessen wirbt sie mit hohen ethischen Standards: „Die erste soziale und ökologische Bank spekuliert mit Ihrem Geld nicht an den internationalen Finanzmärkten, sondern gibt Kredite an nachhaltige Unternehmerinnen und Unternehmer in Deutschland – damit diese sozial, ökologisch und ökonomisch sinnvolle Dinge schaffen können."[152] Die angesprochenen „sinnvollen Dinge", die die soziale Bank finanziert, sind dabei häufig anthroposophischer Natur. So engagiert sich die GLS-Bank an der anthroposophischen Privatuniversität Witten/Herdecke, an Waldorfschulen und -kindergärten.

●●● Fazit: Ein umfassendes objektives Bild ist an dieser Stelle nicht möglich. Aber es wäre naiv zu glauben, dass anthroposophische Unternehmen und Bankhäuser, abseits der Rhetorik vom Menschen im Mittelpunkt und dem nach außen getragenen sozialen Engagement, sich nicht nach den Erfordernissen des Marktes richten. Auch wenn Rudolf Steiner eher für ein bescheidenes Einkommen eintrat und auch wenn Anthroposophen ungern über Gewinne und Reichtum sprechen, so darf man nicht vergessen, dass das anthroposophische Milieu in Teilen seit jeher ein großbürgerliches ist, das über Reichtum und Einfluss verfügt. ●●●●●●

6 Schluss

Die Anthroposophie tritt selten laut auf, umso fester ist der Glaube der Anthroposophen, an der kosmischen Evolution der Menschheit mitzuwirken. Im Vergleich zu anderen New-Age-Bewegungen liegt ihre Stärke auch in ihrer weltanschaulichen Stabilität. Durch die Praxisfelder hat sich eine Art geschlossene anthroposophische Subkultur entwickelt. Durch das dezente Auftreten, z. B. im Bereich der Waldorfpädagogik, ist diese Subkultur aber offen für andere, sich selbst etwa als alternativ oder umweltbewusst verstehende gesellschaftliche Gruppen.

Und die anthroposophische Subkultur erhält und reproduziert sich selbst: anthroposophische Banken und Stiftungen finanzieren anthroposophische Schulen und Universitäten, an denen Waldorflehrer und anthroposophische Mediziner ausgebildet werden. Über Lobbygruppen gelingt es, Einfluss auf die Politik auszuüben, die wiederum die Anthroposophie in ihrer Nische weitestgehend gewähren lässt.

Dabei gelingt es der Anthroposophie, sich ein menschenfreundliches, sozial-engagiertes, offenes Image zu geben, an das Anthroposophen fraglos selbst, vielleicht sogar am meisten, glauben, ohne jedoch von der Lehre ihres Gründers Rudolf Steiner abzurücken. Aus einer kritischen Außenperspektive betrachtet, offenbart sich eine in vielen Punkten menschenverachtende Ideologie. Besonders die allgegenwärtige Implikation von Schuld durch die Karmalehre ist hier zu nennen.

Die irrationale Weltanschauung wird in Form einer Pädagogik an die Kinder herangetragen, die ihnen buchstäblich beibringt, die Welt nicht zu verstehen. Waldorfeltern wird ein Rückzugsort geboten, der einer immer komplexeren Welt, mit Esoterik und einer rückwärtsgewandten Pädagogik beikommen will. Eine „hellsichtige" Medizin, macht den Patienten zum Spekulationsobjekt. In der anthroposophischen Medizin wirkt Steiners Irrlehre vielleicht am unmittelbarsten schädlich, wenn man Kinder schwere Krankheiten durchleiden lässt, gegen die man impfen könnte, wenn man Krankheit als Schicksal und Aufgabe deutet, von deren Bewältigung man mitunter erst im nächsten Leben profitiert usw.

Anthroposophen sehen sich selbst dabei als geistige Elite, an der jede Kritik abperlt. Schließlich offenbaren Kritiker durch ihre Kritik, dass ihnen die geistigen Welten verschlossen bleiben. Und so ist man unfähig zu bemerken, dass der Kaiser gar keine Kleider anhat.

Ich hoffe, dass dieses Buch dazu beiträgt, den oft subtilen anthroposophischen Sprachcode und die dahinterliegenden Konzepte zu verstehen und zu erkennen, wenn man auf sie trifft. Die Anthroposophie ist im Kern eine elitäre, dogmatische, irrationale, esoterische, rassistische, antiaufklärerische Weltanschauung. Wer für eine wirklich freie Gesellschaft eintritt, sollte sich ihr entgegenstellen.

7 Literaturliste

Bader, H. J. / Ravagli, L.: Anthroposophie und der Rassismus-vorwurf. Stuttgart: Verlag Freies Geistesleben 2002.

Barz, H. / Randoll, D.: Absolventen von Waldorfschulen. Wiesbaden: VS Verlag für Sozialwissenschaften 2007.

Bierl, P.: Wurzelrassen, Erzengel und Volksgeister. Die Anthroposophie Rudolf Steiners und die Waldorfpädagogik. Hamburg 2005.

Binder, A.: Religion – Eine kurze Kritik. Aschaffenburg: Alibri 2014.

Burkhard, B.: Anthroposophische Arzneimittel. Eine kritische Betrachtung. Eschborn: Govi-Verlag 2000.

Chalker-Scott, L.: The Science Behind Biodynamic Preparations: A Literature Review. HortTechnology. Dezember 2013, http://horttech.ashspublications.org/content/23/6/814.full

Ernst, E. / Schmidt, K. / Steuer-Vogt, M. K.: Mistletoe for cancer? A systematic review of randomised clinical trials. in: Int J Cancer, 2003, S. 262-267.

Freyer, B. (Hrsg.): Ökolologischer Landbau. Bern: Haupt Verlag 2016.

Giese, C.: Die Freie Waldorfschule – eine Mogelpackung? Pfaffenweiler: Centaurus Verlag & Media 2008.

Glöckler, M.: Anthroposophie Lebensnah. Abgerufen am 1. Mai 2018 von Parameter der Wesensglieder-Diagnostik: http://www.anthroposophie-lebensnah.de/lebensthemen/anthroposophische-medizin/parameter-der-wesensglieder-diagnostik/

Goebel, W. / Glöckler, M.: Kindersprechstunde. Stuttgart: Verlag Urachhaus 1995.

Graf, D. / Lammers, C.: Anders heilen? Aschaffenburg: Alibri 2015.

Hansson, S.-O.: Is Anthroposophy Science? Conceptus(64), 1991, S. 37-49.

Kayser, M. / Wagemann, P.-A.: Wie frei ist die Waldorfschule? München: Heyne 1996.

Kirchmann, H.: Biological dynamic farming – an occult form of alternative agriculture? In: Journal of Agricultural and Environmental Ethics, September 1994, S. 173-187.

Liebenwein, S. / Barz, H. / Randoll, D.: Bildungserfahrungen an Waldorfschulen. Wiesbaden: VS Verlag für Sozialwissenschaften 2012.

Martins, A.: Rassismus und Geschichtsmetaphysik - Esoterischer Darwinismus und Freiheitsphilosophie bei Rusolf Steiner. Frankfurt am Main: Info3 Verlag 2012.

Martins, A.: Hans Büchenbacher: Erinnerungen 1933-1949. Frankfurt am Main: Info3 Verlag 2014.

Martins, A.: Anthroposophen im Konflikt mit dem National-sozialismus (in Vorbereitung).

Prange, K.: Erziehung zur Anthroposophie, Darstellung und Kritik der Waldorfpädagogik. Bad Heilbrunn: Klinkhardt 2000.

Randoll, D.: „Ich bin Waldorflehrer". Wiesbaden: Springer VS 2013.

Russell, B.: Die Philosophie des Abendlandes. Zürich: Europa Verlag AG Zürich 2012.

Schütze, S.B.: Der Biologisch-Dynamische-Pflanzenbau im Vergleich zum Ökologisch-Organischen und zum Konventio-nellen bzw. Integrierten Pflanzenbau. Gießen: Fachverlag Köhler 2003.

Sebastiani, A.: Schulministerien zur Waldorfpädagogik: Eine Befragung. In: Skeptiker 4/12, S. 173-178.

Selg, P.: Krankheit, Heilung und Schicksal des Menschen. Dornach/Schweiz: Verlag am Goetheanum 2004.

Selg, P.: Geistiger Widerstand und Überwindung: Ita Wegman 1933-1935. Dornach/Schweiz: Verlag am Goetheanum 2005.

Ståhl, T. / van Prooijen, J.-W.: Epistemic rationality: Skepticism toward unfounded beliefs requires sufficient cognitive abili-ty and motivation to be rational. Personality and Individual

Differences, S. 155-163 (1. Februar 2018). doi:https://doi.
org/10.1016/j.paid.2017.10.026

Staudenmeier, P.: Between Occultism and Nazism. Leiden: Brill
2014.

Swami, V. / Voracek, M. / Stieger, S. / Tran, U. / Furnham, A.:
Analytic thinking reduces belief in conspiracy theories. In:
Cognition, S. 572-585 (Dezember 2014). doi:https://doi.
org/10.1016/j.cognition.2014.08.006

Taube, K.: „Ertötung aller Selbstheit". Das anthroposophische
Dorf als Lebensgemeinschaft mit geistig Behinderten. München
1994.

Ullrich, H.: Rudolf Steiner. Leben und Lehre. München: C.H.
Beck Verlag 2011.

Ullrich, H.: Waldorfpädagogik: Eine kritische Einführung. Wein-
heim / Basel: Beltz Verlag 2015.

Werner, U.: Anthroposophen in der Zeit des Nationalsozialismus:
(1933-1945). Oldenbourg Wissenschaftsverlag 1999.

Zander, H.: Anthroposophie in Deutschland. Göttingen:
Vandenhoeck & Ruprecht 2007.

Zander, H.: Rudolf Steiner. Die Biografie. München: Piper Verlag
2011.

Steiner, R. (GA 1): Einleitungen zu Goethes naturwissenschaftlichen Schriften. Dornach/Schweiz: Rudolf Steiner Verlag.

Steiner, R. (GA 10): Wie erlangt man Erkenntnisse der höheren
Welten? Dornach/Schweiz: Rudolf Steiner Verlag.

Steiner, R. (GA 11): Aus der Akasha Chronik. Dornach/Schweiz:
Rudolf Steiner Verlag.

Steiner, R. (GA 124): Exkurse in das Gebiet des Markus-
Evangeliums. Dornach/Schweiz: Rudolf Steiner Verlag.

Steiner, R. (GA 13): Die Geheimwissenschaft im Umriss.
Dornach/Schweiz: Rudolf Steiner Verlag.

Steiner, R. (GA 143): Erfahrungen des Übersinnlichen. Die drei
Wege der Seele zu Christus. Dornach/Schweiz: Rudolf Steiner
Verlag.

Steiner, R. (GA 176): Menschliche und menschheitliche
Entwicklungswahrheiten. Das Karma des Materialismus.
Dornach/Schweiz: Rudolf Steiner Verlag.

Steiner, R. (GA 185a): Entwicklungsgeschichtliche Unterlagen zur Bildung eines sozialen Urteils. Dornach/Schweiz: Rudolf Steiner Verlag.

Steiner, R. (GA 23): Die Kernpunkte der Sozialen Frage. Dornach/Schweiz: Rudolf Steiner Verlag.

Steiner, R. (GA 28): Mein Lebensgang. Dornach/Schweiz: Rudolf Steiner Verlag.

Steiner, R. (GA 302): Menschenerkenntnis und Unterrichtsgestaltung. Dornach/Schweiz: Rudolf Steiner Verlag.

Steiner, R. (GA 34): Lucifer – Gnosis. Dornach/Schweiz: Rudolf Steiner Verlag.

Steiner, R. (GA 57): Wo und wie findet man den Geist? Dornach/Schweiz: Rudolf Steiner Verlag.

Steiner, R. (GA 9): Theosophie. Einführung in übersinnliche Welterkenntnis und Menschenbestimmung. Dornach/Schweiz: Rudolf Steiner Verlag.

Steiner, R. (GA120): Die Offenbarungen des Karma. Dornach/Schweiz: Rudolf Steiner Verlag.

Steiner, R. (GA125): Wege und Ziele des geistigen Menschen. Dornach/Schweiz: Rudolf Steiner Verlag.

Steiner, R. (GA174a): Kosmische und menschliche Geschichte, Band VI. Mitteleuropa zwischen Ost und West. Dornach/Schweiz: Rudolf Steiner Verlag.

Steiner, R. (GA257): Anthroposophische Gemeinschaftsbildung. Dornach/Schweiz: Rudolf Steiner Verlag.

Steiner, R. (GA279): Eurythmie als sichtbare Sprache. Dornach/Schweiz: Rudolf Steiner Verlag.

Steiner, R. (GA293): Allgemeine Menschenkunde als Grundlage der Pädagogik (I). Dornach/Schweiz: Rudolf Steiner Verlag.

Steiner, R. (GA294): Erziehungskunst. Methodisch-Didaktisches (II). Dornach/Schweiz: Rudolf Steiner Verlag.

Steiner, R. (GA297): Idee und Praxis der Waldorfschule. Dornach/Schweiz: Rudolf Steiner Verlag.

Steiner, R. (GA300a): Konferenzen mit den Lehrern der Freien Waldorfschule in Stuttgart 1919 bis 1924. Dornach/Schweiz: Rudolf Steiner Verlag.

Steiner, R. (GA305): Die geistig-seelischen Grundkräfte der Erziehungskunst. Dornach/Schweiz: Rudolf Steiner Verlag.

Steiner, R. (GA317): Heilpädagogischer Kurs. Dornach/Schweiz: Rudolf Steiner Verlag.

Steiner, R. (GA319): Anthroposophische Menschenerkenntnis und Medizin. Dornach/Schweiz: Rudolf Steiner Verlag.

Steiner, R. (GA327): Geisteswissenschaftliche Grundlagen zum Gedeihen der Landwirtschaft . Dornach/Schweiz: Rudolf Steiner Verlag.

Steiner, R. (GA347): Die Erkenntnis des Menschenwesens nach Leib, Seele und Geist. Über frühe Erdzustände. Dornach/Schweiz: Rudolf Steiner Verlag.

Anmerkungen

1 https://www.welt.de/print/die_welt/wirtschaft/article1747576
22/Generationswechsel-im-Porsche-Piech-Clan.html (letzter
Abruf am 10.6.2018).

2 Vgl. Zander, Anthroposophie in Deutschland, 2007, S. 122.

3 http://rudolfsteinerhausfrankfurt.com/Anthroposophische-Ge-
sellschaft.php (letzter Abruf am 27.9.2018).

4 Prange, Erziehung zur Anthroposophie, 2000, S. 64.

5 Vgl. Giese, Die Freie Waldorfschule – eine Mogelpackung?,
2008, S. 40 ff.

6 Vgl. Hansson, Is Anthroposophy Science?, 1991.

7 http://www.dso.de/organspende-und-transplantation/transplan-
tation/herztransplantation.html (letzter Abruf 4.4.2018).

8 Hansson, Is Anthroposophy Science? (Übersetzung AS).

9 Vgl. Prange, Erziehung zur Anthroposophie, 2000.

10 Prange, Erziehung zur Anthroposophie, 2000, S. 36.

11 http://www.waldorfschule.de/waldorfpaedagogik/allgemeiner-
ueberblick/was-will-waldorfpaedagogik/#main-content (Abruf
am 11.2.2018).

12 https://www.ruhrbarone.de/wp-content/uploads/2010/08/Har-
dorp-Steiner-Physik.pdf (Abruf am 11.2.2018).

13 Ebenda.

14 Vgl. Zander, Rudolf Steiner, 2011.

15 Russell, Philosophie des Abendlandes, S. 725.

16 Vgl. Zander, Rudolf Steiner, 2011, S. 45 f.

17 Vgl. Zander, Rudolf Steiner, 2011, S. 506.

18 Zander, Rudolf Steiner, 2011, S. 91.

19 Ullrich, Rudolf Steiner, 2011, S. 102.

20 Zander, Rudolf Steiner, 2011, S. 89.

21 Prange, Erziehung zur Anthroposophie, S. 50 f.

22 Steiner, Rudolf: Anthroposophische Menschenkunde und Pädagogik, Gesamtausgabe Bd. 304a, Dornach, S. 75, zitiert nach:
Prange, Erziehung zur Anthroposophie, 2000, S. 24.

23 Vgl. Bierl, Wurzelrassen, Erzengel und Volksgeister, 2005,
S. 74.

24 Vgl. Bierl, Wurzelrassen, Erzengel und Volksgeister, 2005, S. 29 f.

25 Vgl. Zander, Anthroposophie in Deutschland, 2007, S. 625.

26 Kayser & Wagemann, Wie frei ist die Waldorfschule?, 1996, S. 15.

27 Vgl. Zander, Anthroposophie in Deutschland, 2007, S. 1408.

28 Taube, „Ertötung aller Selbstheit", 1994, S. 52 f.

29 Ullrich, Rudolf Steiner, 2011, S. 80 f.

30 http://www.anthroposophie-lebensnah.de/lebensthemen/das-boese-widersachermaechte/wirksamkeit-von-luzifer-und-ahriman/.

31 Vgl. Zander, Anthroposophie in Deutschland, 2007.

32 Vgl. Binder, Religion, 2014.

33 Geheimwissenschaft im Umriss, S. 294.

34 Hansen, Jan-Erik Ebbestad: The Jews – Teachers aof the Nazis? Anti-Semitism in Norwegian Anthroposophy, in: NORDEUROPAforum. Zeitschrift für Kulturstudien, 2015, S. 161-216, DOI 10.18452/8179.

35 Vgl. Martins, Rassismus und Geschichtsmetaphysik – Esoterischer Darwinismus und Freiheitsphilosophie bei Rusolf Steiner, 2012.

36 Vgl. z. B. Bader & Ravagli, Anthroposophie und der Rassismusvorwurf, 2002.

37 Vgl. Martins in: https://jungle.world/index.php/artikel/2015/33/ein-kosmisches-komplott & https://jungle.world/artikel/2018/07/der-letzte-kampf-der-anthroposophen (letzter Abruf am 14.6.2018).

38 Vgl. Bierl, Wurzelrassen, Erzengel und Volksgeister, 2005.

39 http://www.waldorfschule.de/service/medien/broschuerenerklaerungen/stuttgarter-erklaerung/ (letzter Abruf 2.4.2018; Hervorhebung durch den Autor).

40 Vgl. Gerhard Bähr / Luise Bähr, Wir Anthroposophen waren gegen Hitler immun. In: Ingke Bordersen u.a. (Hrsg.), 1933. Wie die Deutschen Hitler zur Macht verhalfen. Hamburg 1983. S. 102-110.

41 Werner, Anthroposophen in der Zeit des Nationalsozialismus, 1999, S. 38.

42 Zit. nach Selg, Geistiger Widerstand und Überwindung, 2005, S. 227.

43 Martins, Hans Büchenbacher: Erinnerungen 1933-1949, 2014, S. 239 ff.

44 Martins, Hans Büchenbacher: Erinnerungen 1933-1949, 2014, S. 40.

45 Vgl. Staudenmeier, Between Occultism and Nazism, 2014.

46 Hansen, The Jews – Teachers of the Nazis?, 2015, S. 188.

47 Vgl. Martins, Anthroposophen im Konflikt mit dem National-sozialismus.

48 http://www.waldorfschule-shop.de/product_info.php?cPath=1&products_id=278&language=de (Abruf am 23.4.2018).

49 Bierl, Wurzelrassen, Erzengel und Volksgeister, 2005.

50 Vgl. Swami u.a., Analytic thinking reduces belief in conspiracy theories, 2014.

51 Ståhl / van Prooijen, Epistemic rationality, 2018.

52 Steiner, Die geistigen Hintergründe des Ersten Weltkrieges, S. 27.

53 Wilhelm von Heydebrand, „Ausführungen über gewisse Grundlagen der Politik", in: Das Reich, April 1919, S. 112-116.

54 Wilhelm von Heydebrand, „Die schwarz-rot-gelbe Internationale und ihr Gegensatz", in: Dreigliederung des sozialen Organismus Nr. 9, 1919.

55 https://waldorfblog.wordpress.com/2014/04/24/staudenmaier-wk1/ (letzter Abruf am 28.4.2018).

56 Das Goetheanum, 18/2015.

57 http://www.torindiegalaxien.de/erde13/Der%20Voelkermord%20an%20den%20Deutschen.pdf (Abruf am 28.4.2018)

58 http://www.waldorfschule.de/waldorfpaedagogik/allgemeiner-ueberblick/was-ist-waldorfpaedagogik/#main-content (letzter Abruf 4.4.2018).

59 Vgl. Randoll, „Ich bin Waldorflehrer", 2013, S. 27 f.

60 Vgl. z. B. Randoll, „Ich bin Waldorflehrer", 2013.

61 Vgl. Sebastiani, Schulministerien zur Waldorfpädagogik, 2012.

62 http://www.institut-waldorf.de/studium/studiengaenge-ab-schluesse/ma-waldorfpaedagogik-schwerpunkt-klassenlehrer/.

63 https://www.waldorf-fernstudium.de/lektionen.php. Eine zwölf-te Lektion befindet sich laut Webseite „in Vorbereitung" (Stand 17.3.2018).

64 Sebastiani, Schulministerien zur Waldorfpädagogik, 2012, S. 175.

65 https://www.ruhrbarone.de/waldorflehrer-werden-%e2%80
    %93-am-%e2%80%9eseminar-fur-waldorfpadagogik-berlin
    %e2%80%9c/23428 (letzter Abruf am 18.3.2018).

66 Sebastiani, Schulministerien zur Waldorfpädagogik, 2012,
    S. 175.

67 https://www.erziehungskunst.de/artikel/forum/waldorfschule-
    ohne-anthroposophie/ (letzter Abruf am 18.3.2018).

68 Giese, Die Freie Waldorfschule – eine Mogelpackung?, 2008,
    S. 65 f.

69 Vgl. Giese, Die Freie Waldorfschule – eine Mogelpackung?,
    2008, S. 65.

70 Zitiert nach Prange, Erziehung zur Anthroposophie, 2000, S. 94.

71 https://www.waldorf-ideen-pool.de/Schule/faecher/naturkun-
    de-klasse-4---7/pflanzenkunde-5.-kl.-/epochenhefte/von-gre-
    gor-seggewies (letzter Abruf am 15.6.2018).

72 https://www.ruhrbarone.de/waldorfschule-curriculum-und-
    karma-das-anthroposophische-erziehungsmodell-rudolf-stei-
    ners/7076 (letzter Abruf am 15.6.2018).

73 Vgl. Prange, 2000, Erziehung zur Anthroposophie, S. 146 f.,
    Zitat S. 147.

74 Vgl. https://www.waldorf-resources.org/de/artikel/anzeige/ar-
    chive/2015/05/28/article/painting-problems/91faf123e887e3b6
    cd3541c83a89d900/ (letzter Abruf am 15.6.2018).

75 http://www.waldorfschule.de/waldorfpaedagogik/21-fragen
    (letzter Abruf am 15.6.2018).

76 Vgl. Prange, Erziehung zur Anthroposophie, 2000.

77 Prange, Erziehung zur Anthroposophie, 2000, S. 18

78 Zander, Rudolf Steiner, 2011, S. 1418.

79 Z. B. Randoll, „Ich bin Waldorflehrer", 2013.

80 Barz / Randoll, Absolventen von Waldorfschulen, 2007; Lie-
    benwein / Barz / Randoll, Bildungserfahrungen an Waldorf-
    schulen, 2012.

81 http://www.sueddeutsche.de/karriere/studie-mehr-gewalt-an-
    waldorfschulen-1.830017 (letzter Abruf am 14.6.2018).

82 Liebenwein / Barz / Randoll, Bildungserfahrungen an Waldorf-
    schulen, 2012, S. 57.

83 Vgl. Liebenwein / Barz / Randoll, Bildungserfahrungen an
    Waldorfschulen, 2012.

84 Vgl. Prange, Erziehung zur Anthroposophie, 2000, S. 152.

85 Zitiert nach Prange, Erziehung zur Anthroposophie, 2000, S. 150.

86 Zitiert nach Liebenwein / Barz / Randoll, Bildungserfahrungen an Waldorfschulen, 2012, S. 128.

87 Zander, Anthroposophie in Deutschland, 2007, S. 1207.

88 Vgl. Kayser & Wagemann, Wie frei ist die Waldorfschule?, 1996, S. 53.

89 Vgl. Zander, Anthroposophie in Deutschland, 2007, S. 1428.

90 Vgl. Randoll, „Ich bin Waldorflehrer", 2013, S. 52 f.

91 Eurythmielehrerin Z, zitiert nach Randoll, „Ich bin Waldorflehrer", 2013.

92 Randoll, „Ich bin Waldorflehrer", 2013, S. 54.

93 Vgl. Randoll, „Ich bin Waldorflehrer", 2013.

94 Randoll, „Ich bin Waldorflehrer", 2013.

95 Bierl, Wurzelrassen, Erzengel und Volksgeister, 2005.

96 Vgl. Bierl, Wurzelrassen, Erzengel und Volksgeister, 2005, S. 9.

97 Vgl. z. B. http://www.taz.de/!5221843/ Abruf am 28.4.2018.

98 Vgl. Liebenwein / Barz / Randoll, Bildungserfahrungen an Waldorfschulen, 2012, S. 191 f.

99 https://www.psiram.com/de/index.php/Masernausbr%C3%BC che_an_Waldorfschulen (letzter Abruf 14.06.2018).

100 https://www.ksta.de/region/rhein-erft/erftstadt/masern-ausbruch-in-erftstadt-nur-wenige-schueler-waren-ge-impft-1316872 (letzter Abruf 14.6.2018).

101 https://blog.gwup.net/2015/03/09/waldorf-rechenkunste-in-sachen-impfschutz-ungenugend/ (letzter Abruf 14.6.2018).

102 Zander, Anthroposophie in Deutschland, 2007, S. 1467.

103 Vgl. Burkhard, Anthroposophische Arzneimittel, 2000, S. 20 f.

104 Selg, Krankheit, Heilung und Schicksal des Menschen, 2004, S. 59.

105 Zitiert nach Selg, Krankheit, Heilung und Schicksal des Menschen, 2004, S. 60.

106 Vgl. Ullrich, Waldorfpädagogik, 2015, S. 114.

107 Goebel / Glöckler, Kindersprechstunde, 1995, S. 167 f.

108 https://www.youtube.com/watch?v=lRaZJSOVMsc&t=2239s (Übersetzung AS).

109 Vgl. Graf / Lammers, Anders heilen?, 2015, S. 105.

110 http://www.anthroposophie-lebensnah.de/lebensthemen/
anthroposophische-medizin/parameter-der-wesensglieder-
diagnostik/ Abruf 1.5.2018; hier auch die folgenden Zitate.
111 Vgl. Graf / Lammers, Anders heilen?, 2015, S. 109.
112 Vgl. Burkhard, Anthroposophische Arzneimittel, 2000, S. 122.
113 Vgl. Burkhard, Anthroposophische Arzneimittel, 2000, S. 110.
114 Vgl. Burkhard, Anthroposophische Arzneimittel, 2000, S. 41.
115 Vgl. Burkhard, Anthroposophische Arzneimittel, 2000, S. 42.
116 https://www.tk.de/tk/pressemitteilungen/bundesweite-presse-
mitteilungen/954504.
117 Bernd Schmidt zitiert nach Graf & Lammers, Anders heilen?,
2015, S. 119.
118 Vgl. Zander, 2000, S. 1514 f.
119 Eine gute Übersicht über systematische Reviews findet sich
in der Homöopedia: http://www.homopedia.eu/index.php/
Artikel:Systematische_Reviews_zur_Hom%C3%B6opathie_-
_%C3%9Cbersicht (letzter Abruf 15.6.2018).
120 Burkhard, Anthroposophische Arzneimittel, 2000, S. 98.
121 Vgl. Burkhard, Anthroposophische Arzneimittel, 2000, S. 99.
122 Vgl. Ernst / Schmidt / Steuer-Vogt, Mistletoe for cancer?,
2003.
123 Vgl. Graf / Lammers, Anders heilen?, 2015, S. 115.
124 http://edzardernst.com/2016/01/mistletoe-for-cancer-does-it-
improve-patients-quality-of-life/ (Übersetzung AS).
125 https://www.erziehungskunst.de/artikel/fruehe-kindheit/ma-
sern-zwischen-mut-und-meinung/ (letzter Abruf 15.6.2018).
126 Goebel / Glöckler, Kindersprechstunde, 1995, S. 161.
127 Goebel / Glöckler, Kindersprechstunde, 1995, S. 166.
128 https://www.gaed.de/informationen/merkblaetter/masern.html
(letzter Abruf am 6.5.2018).
129 https://www.bundesgesundheitsministerium.de/service/
begriffe-von-a-z/m/masern/faq-masern/?L=0 (letzter Abruf
am 6.5.2018).
130 https://www.rki.de/DE/Content/Infekt/EpidBull/Merkblaetter/
Ratgeber_Masern.html (letzter Abruf am 6.5.2018).
131 Burkhard, Anthroposophische Arzneimittel, 2000, S. 10.
132 http://www.spiegel.de/spiegel/print/d-8716404.html (letzter
Abruf am 7.5.2018).
133 z. B. Schmacke, Norbert: Der Glaube an die Globuli. Die
Verheißungen der Homöopathie, Berlin 2015.

134 Zander, Anthroposophie in Deutschland, 2007, S. 1579.

135 Steiner zitiert nach Zander, Anthroposophie in Deutschland, 2007, S. 1586.

136 Vgl. Freyer, Ökolologischer Landbau, 2016, S. 102 f.

137 Freyer, Ökolologischer Landbau, 2016, S. 102.

138 Zander, Anthroposophie in Deutschland, 2007, S. 1586.

139 Vgl. Freyer, Ökolologischer Landbau, 2016, S. 105.

140 https://www.salonkolumnisten.com/der-irrsinn-mit-dem-bio/ (letzter Abruf 8.5.2018).

141 Vgl. Kirchmann, Biological dynamic farming, 1994.

142 Vgl. z. B. Schütze, Der Biologisch-Dynamische-Pflanzenbau, 2003.

143 Vgl. Chalker-Scott, The Science Behind Biodynamic Preparations, 2013.

144 https://www.demeter.de/organisation (letzter Abruf am 9.5.2018).

145 In der Neuauflage der Beuys-Biografie von Hans Riegel wird dessen unheimliche Nähe zum Nationalsozialismus thematisiert: http://www.sueddeutsche.de/kultur/kunst-und-nationalsozialismus-die-wirren-rechten-ideen-des-joseph-beuys-1.3973199 (letzter Abruf am 15.6.2018); vgl. Bierl, Wurzelrassen, Erzengel und Volksgeister, 2005, S. 206 f.

146 https://www.gruene.de/presse/joseph-beuys-hat-die-gruenen-gepraegt.html (letzter Abruf am 9.5.2018).

147 https://www.land.nrw/de/pressemitteilung/ministerin-steffens-ganzheitlicher-ansatz-macht-anthroposophische-medizin-so (letzter Abruf am 9.5.2018).

148 Vgl. Zander, Anthroposophie in Deutschland, 2007, S. 1711.

149 https://www.ruhrbarone.de/anthroposophische-unternehmen-geld-und-geistesmenschen/112300 (letzter Abruf am 9.5.2018).

150 https://www.weser-kurier.de/bremen/bremen-stadt_artikel,-Alnatura-verliert-vor-Gericht-_arid,1501042.html.

151 Vgl. Zander, Anthroposophie in Deutschland, 2007, S. 1306.

152 https://www.gls.de/privatkunden/.